Rudolf Pindter

Die Incunabeln in der Fideicommiss-Bibliothek des Fürsten Dietrichstein

Rudolf Pindter

Die Incunabeln in der Fideicommiss-Bibliothek des Fürsten Dietrichstein

ISBN/EAN: 9783743658288

Hergestellt in Europa, USA, Kanada, Australien, Japan

Cover: Foto ©Andreas Hilbeck / pixelio.de

Weitere Bücher finden Sie auf **www.hansebooks.com**

DIE INCUNABELN

in der

FIDEICOMMISS-BIBLIOTHEK

des

FÜRSTEN DIETRICHSTEIN

AUF SCHLOSS NIKOLSBURG.

ZUSAMMENGESTELLT
VON
RUDOLF PINDTER.

BRÜNN.
DRUCK VON CARL WINIKER. 1884–05. — IM VERLAGE DES VERFASSERS.

In dem Städtchen, in welchem ich mich gegenwärtig aufhalte, stehen mir gar keine Hilfsbücher zur Verfügung; aus diesem Grunde bitte ich um nachsichtige Beurteilung meiner kleinen Arbeit, welche nichtsdestoweniger viel Zeit und Mühe erforderte, weil jede einzelne Incunabel aus dem großen Bücherbestande erst herausgesucht werden mußte, so daß nunmehr alle Incunabeln der fürstlichen Fideicommiss - Bibliothek in einer besonderen Sammlung zusammengestellt sind.

Nr. 2, enthaltend die Buchstaben C bis K, gelangt im Jänner 1906 zur Ausgabe.

Nr. 3, den Rest und ein Register bringend, erscheint im März 1906.

NIKOLSBURG, im November 1905.

Schulrat Rudolf Pindter,
k. k. Realschul-Direktor i. R.

DIE INCUNABELN IN DER FIDEICOMMISS-BIBLIOTHEK DES FÜRSTEN DIETRICHSTEIN AUF SCHLOSS NIKOLSBURG.

Nr. 1.

Ausgegeben im November 1905.

Modus legendi **Abbreviaturas** in utroque iure sive Processus 293* iuris (Libellus docens modum studendi et legendi contenta ac abbreviata utriusque iuris, tam canonici quam civilis, in se continens titulos sive rubricas eiusdem iuris). In civitate Argentinensi, 1487. Folio

Liber Abraham Judaei (**Aben Esra**) de nativitatibus cum figuris 48 exemplaribus, singulis domibus antepositis. — 4°

(Zweimal vorhanden) Praeclarissimus liber completus in iudiciis 105 astrorum, quem edidit Albohazen Haly filius Aben Ragel (Liber 106 completus in iudiciis stellarum, quem composuit Albohazen Hali filius **Aben Ragel**. Bene revisus et fideli studio emendatus per Bartolomaeum de Alten de Nusia Germanum). Arte et impensis Erhardi Ratdolt de Augusta, Venetiis, 1485. Folio

Liber servitoris liber XXVIII (de praeparatione medicinarum simpli- 57 cium) Bulchasiu (**Abulkaßim**) Benaberazerin, translatus a Simone Januensi, interprete Abraam Judaeo Tortuosiensi. Venetiis per Nicolaum Jenson Gallicum, 1471. 4°

Bonus **Accursius** Pisanus, Λεξικὸν κατὰ στοιχείων. Vincentiae per 107 Dionysium Bertochum, 1483. Folio

(Zweimal vorhanden) Formularium **Advocatorum** et procura- 406 torum Romanae curiae et regii parleamenti, practicam secundum iura 109 communia clarissime ostendens. Basileae, 1489 und 1493. Folio und 4°

*) Incunabel-Signatur.

1*

Liber magistri **Aegidii** de pulsibus, metrice compositus cum 48
commento Gentilis de Fulgineo (Herausgegeben von Venantius Mutius de
Camerino). Paduae per Matthaeum Cerdonis de Windischgraetz, 1484. 4°

Aegidius Romanus, De regimine principum (Herausgegeben 110
von Oliverius Servius Tolentinas). Venetiis per Simonem Bevilaquam
Papiensem, 1498. Folio

Aeliani de instruendis aciebus opus. A Theodoro Thessaloni- 49
cense latinum factum. Romae per Eucharium Silber alias Franck, 1494. 4°

Aequivoca (Aequivocationes) metrice conscripta cum notabili 142
expositione. Lyptzk per Melchiorem Lotter, 1500. 4°

(Zweimal vorhanden) **Aesopus** moralizatus cum bono commento 151
(Aesopus cum suis moralizationibus ad nostri instructionem pulcherrime 152
appositis). 1489 und 1491. 4°

(Mit colorierten Pflanzenabbildungen) **Aggregator practicus** de 67
simplicibus. 1493. 4°

(Zweimal vorhanden) Doctrinale altum seu Liber parabolarum 152
Alani, metrice descriptus cum sententiis et metrorum expositionibus, 176
utilis valde ad bonorum morum instructionem. Coloniae per Henricum
Quentell. — 4°

(Mit colorierten Holzschnitten) Das Buch Ovidii von der Liebe zu 124
erwerben, auch die Liebe zu verschmehen. Als Doctor Hartlieb von
Latein ze Teutsch gepracht hat durch Bete und Geschäffte eines Fürsten
von Oesterreych (Herezog Albrechts Sun des tugent- und erenreychsten
Fürsten Herezog Ernnsten Erezherezog inn Oesterreych). Meister
Albertanus genannt hat diß Buch gesammet und gemacht einem
Britan genannt Gwaltherus. — Das Buch Albertanus von der Laidi-
gung Liebe und Mynne. Auch von Unsytten der Frawen, dardurch
er meint die Liebe vertilgen und laiden. Gedruckt und volenndet in der
keyserlichen Statt Augspurg von Anthoni Sorgen, 1482. Folio

Tractatus de arte loquendi et tacendi (Libellus de doctrina lo- 151
quendi et tacendi ab **Albertano** Causidico Brixiensi ad instructionem
filiorum suorum compositus). Coloniae, 1489. 4°

Epitomata totius naturalis philosophiae, quae trito sermone Repa 178
rationes appellantur, **Albertocentonas** continentia, in bursa Laurentiana florentissimi Agrippinensis gymnasii castigatissime edita (Epitomata

totius phylosophiae naturalis, quae vulgato sermone Reparationes appellantur, Alberti Magni scriptis conformia per Gerardum Herder Wiccensem, quo ad octo libros physicorum, duos de anima et primum parvorum naturalium et quo ad reliquos omnes per reverendum virum artium liberalium magistrum et sacrae theologiae bacculaurium bursae Laurentii famosissimi Agrippinensis Coloniae gymnasii cum aliis sacrae theologiae professoribus et licentiatis, regentes emendatissime ad utilitatem omnium textum Arestotelis intelligere cupientium elaborata). Henricus Quentel Coloniensis civis, 1496. 4°

(Summa praelucidissima de mirabili Eucaristiae sacramento disputabilis et praedicabilis devotissimi fratris Alberti Magni) Summa fratris **Alberti Magni** in tractatulum Eucaristiae. Per Johannem Zeiner in opido Ulm, 1474. Folio 205

(Dreimal vorhanden) Superlucidissima **Alberti Magni** de sacrosanctae Eucharistiae sacramento summa. Non quidem modo disputabilis, verum etiam praedicabilis (Tractatus Alberti Magni divinissimae Eucharistiae commendatorius, obiectionibus quibusdam et solutionibus earum pro communione praefatae eucharistiae insertis). Winterperg per Johaunem Alacraw, 1484. Folio 206 207 208

Liber **Alberti Magni** de natura ac immortalitate animae cum 143 commento compendioso. 1493. 4°

(Zweimal vorhanden) Aureus liber metaphysicae **Alberti** 199 **Magni.** Venetiis per Johannem et Gregorium de Gregoriis fratres, 200 1494. Folio

Alberti Magni De animalibus libri viginti sex novissime impressi. 203 Venetiis per Joannem et Gregorium de Gregoriis fratres, 1495. Folio

(Dreimal vorhanden) **Alberti Magni** compendiosum, insigne ac 170 perutile opus philosophiae naturalis (Physicorum, de coelo et mundo, 182 de elementis, methaurorum, de anima). Venetiis per Georgium de 202 Arrivabenis, 1496. 4°

Alberti Magni Opusculum praeclarum de intellectu et intelli- 170 gibili. — 4°

Prima pars Summae **Alberti Magni** de quatuor coaequaevis 201 una cum secunda eius, quae est de homine. Venetiis per Simonem de Luere, impensis Andreae Torresani de Asula, 1498. Folio

(Zweimal vorhanden) **Albertus de Padua**, Liber praedicatio- 46
num super evangeliis dominicalibus et in praecipuis festivitatibus 280
sanctorum. Ulmae per Johannem Zainer, 1480. Folio

(Regimen sanitatis, quod alio nomine Vetularius nuncupatur) 198
Tractatulus de regimine hominis, compositus per magistrum **Albicum**
Archiepiscopum Pragensem. Lipczk per Marcum Brand, 1484. 4°

Libellus ysagogicus (introductorius) Abdilazi i. servi gloriosi dei, 48
qui dicitur **Alchabitius**, ad magisterium iudiciorum astrorum, inter-
pretatus a Joanne Hispalensi. Erhardus Ratdolt Augustensis, Venetiis,
1482. 4°

(Glosa super secunda parte doctrinalis in hoc opusculum diligenter 187
collecta, quae ut scolaribus necessaria, sic etiam informatoribus ac in-
structoribus eorum erit utilissima) Glosa super secunda parte magistri
Alexandri per Johannem Synthis collecta. 1487. 4°

Tertia et quarta partes doctrinalis **Alexandri** grammatici cum 176
notabili commento. Coloniae, 1489. 4°

Tertia et quarta partes doctrinalis magistri **Alexandri** cum 186
commento valde utili, textus dante intelligentiam summariam. Quarum
tertia docet de quantitate syllabarum, quarta vero de accentuatione
cum novis quibusdam sententiarum additionibus. Basileae per Jacobum
de Pfortzen, 1498. 4°

Declaratio compendiosa per viam divisionis **Alfarabii** super 196
libris rethoricorum Aristotilis, ad formam tamen clariorem et tabulae
reducta per infrascriptum correctorem (Compendiosa declaratio Alpharabii
tabulata et correcta una cum rethorica et poetria sequentibus Aristotilis,
per Lancillotum de Zerlis magna cum difficultate propter penuriam
exemplaris unius tantum et stilum veterem in modernum reductum).
Hermannus Alamanus cum non modico labore consumavit translationem
rethoricae Aristotilis ex arabico in latinum. Determinatio Ibinrosdin
(Averois) in poetria Aristotilis. Venetiis per Philipum Venetum, 1481. Folio

Expositio noni libri **Almansoris** edita a Joanne Arculano cive 83
Veronensi. Correxit hoc opus Hic. Tur. Ver. In clarissimo gymnasio
Patavino, 1480. Folio

Almansoris liber nonus cum expositione Sillani de Nigris de Papia. Receptae Petri de Tussignano super nono Almansoris. Venetiis iussu et impensis Octaviani Scoti civis Modoetiensis, 1490. Folio — 103

Almansoris iudicia seu propositiones. Capitula stellarum oblata regi magno Saracenorum ab Almansore astrologo, a Platone Tyburtino translata de arabico in latinum. Venetiis per Bonetum Locatellum impensis Octaviani Scoti civis Modoetiensis, 1493. Folio — 106

Johannis **Andreae** Novellae super Sexto. Romae per Georgium Laur de Herbipoli, 1476. Folio — 286

Tractatus Johannis **Andreae** super arboribus consanguinitatis, affinitatis necnon spiritualis cognationis. Nurembergae per Fridericum Creußner, 1483. Folio — 406

(Zweimal vorhanden) Astrolabium planum in tabulis ascendens, continens qualibet hora atque minuto aequationes domorum coeli, moram nati in utero matris cum quodam tractatu nativitatum utili ac ornato nec non horas inaequales pro quolibet climate mundi (Opus astrolabii plani in tabulis a Johanne **Angeli** de Aichach a novo elaboratum). Erhardi Ratdolt Augustensis viri solertis eximia industria et mira imprimendi arte, qua nuper Venecciis, nunc Augustae Vindelicorum excellit nominatissimus, 1488. 4° — 157, 252

Summa fratris **Anthonini** de Florentia ordinis praedicatorum et archiepiscopi Florentini. Quatuor partes. Opera ac impensa Anthonii Coburger, Nürnberg, 1477—1479. Folio — 372, 373, 374, 375

Opus excellentissimum trium partium historialium seu Cronicae **Antonini** archiepiscopi Florentini. In Nuremberga nominatissima civitate Germaniae per Antonium Koberger, 1484. Folio — 81

Summa fratris **Anthonini** de Florentia ordinis praedicatorum et archiepiscopi Florentini. Pars tertia et quarta. Per Anthonium Koberger Nurenbergen., 1486 et 1487. Folio — 376

(Mit Holzschnitten) Devotissimus trialogus beati **Antonini** archiepiscopi Florentini super evangelio de duobus discipulis euntibus in Emaus (Disputatio domini Jesu in effigie peregrini cum duobus discipulis euntibus in Emaus facta, complectens declarationem figurarum sacrae scripturae de Christi incarnatione, passione et resurrectione loquentium). Venetiis per Joannem Emericum de Spira, 1495. 8° — 162

Sidonii **Apollinaris** poema aureum eiusdemque epistolae. Joannis 433
Baptistae Pii Bononiensis commentarius in Sidonium. Mediolani per
Uldericum Scinzenzeler impensis Hyeronimi de Asula nec non Joannis
de Abbatibus Placentini, 1498. Folio

(Zweimal vorhanden, das eine Exemplar mit schönen Initialen 397
und Randmalereien) **Appiani** Sophistae Alexandriqi Romana historia. 195
(Von Candidus aus dem Griechischen in das Lateinische übersetzt.)
Venetiis per Bernardum Pictorem et Erhardum Ratdolt de Augusta una
cum Petro Loslein de Langencen correctore ac socio, 1477. Folio

Candidi de civilibus Romanorum bellis ex **Appiano** Alexandrino 397
in latinum traducti libri quinque. Appiani liber Illyrius et Celticus.
Venetiis per Bernardum Pictorem et Erhardum Ratdolt de Augusta una
cum Petro Loslein de Langencen correctore ac socio, 1477. Folio

L. **Apuleii** Madaurensis philosophi Platonici Opera. Venetiis per 395
Philippum Pinzium Mantuanum, 1493. Folio

Commentarii a Philippo Beroaldo conditi in Asinum aureum Lucii 449
Apuleii. Impressi Bononiae a Benedicto Hectoris, 1500. Folio

Historia del popolo Fiorentino composta da Messer Lionardo 191
Aretino in latino et tradocta in lingua toscana da Donato Acciainoli.
A Vinegia perlo diligente huomo maestro Jacomo de Rossi di natione
Gallo, 1476. Folio

Leonardi **Aretini** de studiis et litteris (De studendi modo in 179
humanitatis studiis). Paduae, Matheus Cerdonis de Windischgreez, 1483. 4°

(Angeli de **Aretio** in prima parte institutionum commentum) 431
Angeli de Aretio super institutis primae partis lectura. (Im Anschluß
daran der Commentar zum vierten Buch der Institutiones). Venetiis
impensis Johannis Herbort de Silgenstat nec non Bernardini de Tridino
ex Monteferrato, qui huic operi tamquam socii curam ac summam diligentiam adhibuerunt. 1484. Folio

(Theodoro Graeco Thessalonicensi interprete Aristotelis Historia 265
animalium, De partibus animalium libri quatuor, De generatione animalium libri quinque) Libri de animalibus **Aristotelis** interprete
Theodoro Gaze, quos Ludovicus Podocatharus Cyprius ex archetypo
ipsius Theodori fideliter et diligenter auscultavit et formulis imprimi
curavit Venetiis per Johannem de Colonia sociumque eius Johannem
Manthen de Gherretzen, 1476. Folio

Isagoge Porphyrii ad praedicamenta **Aristotilis**. Liber praedi- 139
camentorum. Liber sex principiorum Gilberti Porcetani. Liber peryher-
menias. Liber topicorum. — Liber elencorum. Liber priorum (Textus
logicales Aristotelis). Venetiis per Philipum Venetum, 1481. Folio

Opera **Aristotelis** de naturali philosophia. Venetiis per Philipum 196
Venetum, 1482. Folio

Liber quinque praedicabilium Porphirii cum commento Averois. 258
Item praedicamenta **Aristotelis** cum eiusdem commento. Item libri
duo perihermenias cum eiusdem commento. Item duo priorum et duo
posteriorum cum eiusdem commento. Insuper octo topicorum et duo
elencborum sine eiusdem commento peroptime castigati per Nicoletum.
Venetiis impendio industriave Andreae de Asula Bartholomaeique
Alexandrini sociorum, 1483. Folio

Nova translatio librorum metaphisycae et vetus ab Averoi Cordu- 258
bensi commentata summi philosophi **Aristotelis**. Impendio ac diligentia
Andreae de Asula, Venetiis, 1483. Folio

Libri decem ethicorum **Aristotelis** cum commento Averois et 258
octo politicorum duoque oeconomicorum sine ciusdem Averois commento,
summa diligentia emendati per Nicoletum. Venetiis impendio industriave
Andreae de Asula Bartholomaeique Alexandrini sociorum, 1483. Folio

Nova translatio de physico auditu et vetus ab Averoi Cordubensi 274
commentata summi **Aristotelis** philosophi. Impensa atque diligentia
Andreae de Asula, Venetiis, 1483. Folio

Nova translatio librorum de coelo et mundo sive de motu et 274
vetus ab Averoi Cordubensi commentata summi philosophi **Aristotelis**. Andreae de Asula impensa atque diligentia, 1483. Folio

Nova translatio librorum metheororum et vetus secundum quartum 274
librum solum ab Averoi Cordubensi commentata summi philosophi
Aristotelis. Impendio ac diligentia Andreae de Asula, Venetiis,
1483. Folio

Nova translatio librorum de generatione et corruptione ab Averoi 274
Cordubensi commentata summi philosophi **Aristotelis**. Impensa atque
diligentia Andreae de Asula, Venetiis, 1483. Folio

Nova translatio librorum animae et vetus ab Averoi Hispano Cordubensi comentata summi philosophi **Aristotelis**. Impensa atque diligentia Andreae de Asula, Venetiis, 1483. 274
Folio

Aristoteles. De sensu et sensato, De memoria et reminiscentia, De somno et vigilia, De causa longitudinis et brevitatis vitae. — Folio 274

(Opus **Aristotelis** de moribus a Johanne Argyropylo traductum) Opus Aristotelis de moribus interprete Johanne Argyropylo Bizantio, graeca latinaque lingua erudito, qui et singulos libros per tractatus capitaque distinxit. Quorum materiam Aegidius Delfus, socius Sorbonicus, breviter explicavit, quantum Aristotelis mentem, quae interim obscura est, perspicere potuit. Per Johannem Higman, 1488. 141
4°

Problemata **Arestotelis** determinantia multas quaestiones de variis corporum humanorum dispositionibus valde audentibus suaves. Cum eiusdem Arestotelis vita et morte metrice descripta, subiunctis metrorum cum interlineali glosa sententialibus expositionibus. — 151
4°

Repertorium sive Tabula generalis auctoritatum **Arestotelis** cum commento per modum alphabeti et philosophorum (Repertorium sive Tabula notabilium auctoritatum, articulorum, dictorum et de omnibus his, quae ex copiosissime dictis philosophorum et inprimis excellentissimi Aristotelis philosophorum principis, olim Alexandri Magni directoris, utiliora saltim atque in phisico auditu magis necessaria dignoscuntur. A reverendissimo et venerabili Beda presbitero edita et per eundem commentata, emendata atque diligenter visa, curiose masticata necnon suis in locis diligentissimis additionibus admodum aucta). — Marci Tullii Ciceronis, civis Romani clarissimi ac eloquentiae genitoris facundissimi, auctoritates pro virtutum capescendarum uberiori lege pientissime sacratae. Ex officiorum libris. De amicitia. De senectute. De paradoxis. Ex quaestionibus Tusculanis. Ex sexto de repub. Quam atrox Marci Tullii fuerit mors, his verbis Valerius Maximus de ingratis docet. Epitaphium M. T. C., quod statua eius perplexum est in aede Magni Jovis apud Tullorum monumentum. (Herausgegeben von Petrus Tanhauser.) Per Petrum Wagner Nurmbergae. — 282
4°

Libri artis logicae Porphyrii et **Aristotelis** cum explanatione magistri Johannis de Lapide (Liber isagogarum id est introductionum Porphyrii in cathegorias id est praedicamenta Aristotelis. — Liber cathegoriarum id est praedicamentorum. — Liber sex principiorum Gilberti Porretani. — Libri duo perihermenias id est de interpretatione. — Priorum analyticorum id est resolutionum libri duo. — Posteriorum analyticorum hoc est resolutionum libri duo. — Libri octo topicorum. — Libri duo sophisticorum elenchorum id est syllogismorum apparentium redargutivorum). — 204
Folio

Textus parvorum naturalium **Aristotelis** cum commentario clarissimo secundum doctrinam Alberti Magni (De sensu et sensato. De memoria et reminiscentia. De somno et vigilia. De longitudine et brevitate vitae). Sequuntur aliquot libelli parvorum naturalium Aristotelis cum commentario iuxta doctrinam Alberti Magni studiosorum desiderio satagentes, prioribus ob materiae cohaerentiam ac eiusdem et praedictorum necessariam cognitionem adiuncti. Et sunt hi: De iuventute et senectute, De inspiratione et respiratione, De vita et morte, De motu animalium, De motu cordis. (Commenticrt von Joannes de Mechilinea mit Anmerkungen von Jacobus Tymeus de Amorffordia). Joannes Koelhoff de Lubeck Coloniensis civis, 1491.   Folio   204

(Propositiones ex omnibus Aristotelis libris philosophiae moralis, naturalis et primae nec non dialecticae, rhetoricae et poeticae, diligentissime excerptae et ad certa rerum capita pulcherrimo ordine per tabellam additam redactae) Benedicti Soncinatis Tabula in omnium operum Aristotelis auctoritates atque sententias. Propositiones copiosissimae ac fidissimae ex omnibus **Aristotelis** libris collectae per Theophilum de Ferrariis Cremonensem. Annotatioque lectionum, ut expositio divi Thomae Aquinatis requirit, posita est. Impensis Alexandri Calcedonii Pisaurensis mercatoris, Venetiis per Joannem et Gregorium de Gregoriis, 1493.   4°   146

Copulata pulcerrima in novam logicam **Arestotelis**, textum simul impressum luce clarius exponentia secundum viam sancti Thomae Aquinatis, quorum frequens exercitium est apud magistros iu florentissimo studio Coloniensi bursam Laberti de Monte regentes, 1493.   Folio   210

Omnia opera **Aristotelis**. Epistola Aristotelis ad Alexandrum Joanne Argyropilo interprete. Phisicorum libri octo ex graeco in latinum traducti per Joannem Argiropylum. Metaphisicae (Primae philosophiae) libri duodecim, quos Johannes Argiropilus Bizantius traduxit. — Aristotelis de caelo et mundo libri quatuor, de anima libri tres, quos Joannes Argiropilus Bizantius traduxit. Epistola Petri Marsi ad principem Virginium Ursinum. Ethicorum libri decem Joanne Argiropylo interprete. Leonardi Aretini liber de moribus, quem traduxit de graeco in latinum ex dialogo Aristotelis ad Eudemium amicum suum. — Liber Porphirii praedicabilium (de quinque vocibus), Liber praedicamentorum Aristotelis, quem Joan. Arg. Byzantius traduxit. Perihermenias libri duo. Hermolai Barbari ex Gilberto Porretano de sex principiis. Aristotelis liber priorum. Libri duo posteriorum resolutivorum. Topicorum libri octo. Elenchorum libri duo. — Extractione Leonardi Aretini politicorum libri octo et oeconomicorum liber unus. — De sensu et sensato.   256

De memoria et reminiscentia. De somno et vigilia. De motibus animalium. De longitudine et brevitate vitae. De inventute et senectute. De respiratione et inspiratione. De vita et morte. De phisionomia. De bona fortuna. De coloribus. De plantis. De vegetabilibus. De lineis indivisibilibus. De Nilo. De proprietatibus elementorum. De pomo. De intelligentia. De mundo. De causa. — Liber magnorum moralium (ethicorum) Georgio Valla Placentino interprete. Venetiis per Gregorium de Gregoriis expensis Benedicti Fontanae, 1496. Folio

Canones poenitentiales extracti de verbo ad verbum de Summa 419 fratris **Astensis** ordinis minorum libro V. titulo XXXII. Nurmbergae, Joannes Sensenschmid et Andreas Frisner de Bunsidel socii, 1475. Folio

Beatus **Augustinus**, episcopus Yponensis. De anima et spiritu. 248 De ebrietate. De vanitatibus saeculi. De vita cristiana. Ad virgines de sobrietate et ebrietate. De quatuor virtutibus caritatis. De contricione cordis. 1472. 4°

Aurelii **Augustini** Opus de civitate dei. Venetiis, Nicolaus Jenson 402 Gallicus, 1475. Folio

Liber soliloquiorum beati **Augustini** Aurelii animae ad deum. 55 Winderperg per Johannem dictum Alacraw, 1484. 4°

Augustinus, De civitate dei cum commento. Thomae Valois et 223 Nicolai Triveth in libros Augustini de civitate dei comentaria. — De trinitate. Basileae, Joannes Amerbacensis (de Amerbach), 1489. Folio

Libellus intitulatus Lumen apothecariorum cum certis expositio- 399 nibus noviter impressus. Editus a Quirico de **Augustis** de Terdona. Venetiis per Joannem Gregorium de Gregoriis fratres, 1495. Folio

Aurelii episcopi Martoranensis Oratio in funere Laurentii Medice 155 Neapoli habita. — 4°

(Das Titelblatt fehlt) Nicolaus de **Ausmo**, Supplementum (vielleicht: 419 ad Summam Pisanellam). Nurmbergae, Joannes Sensenschmid et Andreas Frisner de Bunsidel, 1475. Folio

Liber Theicriti Dahalmodana Vahaltadabir, cuius est interpretatio 85 rectificatio medicationis et regiminis. Editus in arabico a perfecto viro Abumarvan **Avenzohar** et translatus de hebraico in latinum Venetiis a magistro Paravicio physico ipso sibi vulgarizante magistro Jacobo Hebraeo (Liber Theiscir Ahmndanar, editus in arabico a discreto viro Abumeron in practica et operatione medicinae excellentissimus fidelis regis Avenzoar, translatus Venetiis in confinio sancti Salvatoris de hebraico in latinum a magistro Pathavino phisico ipso sibi vulgarizante magistro Jacobo Hebraeo, in medicina et aliis scientiis plurimum erudito). — Antidotarium Abumeronis Avenzoar compositum. — Tractatus Rabi Moisi Abenmaimon, quem Soldano Babiloniae transmisit. — Liber de medicina Averrois, qui dicitur Colliget. Venetiis per Joannem de Forlivio et Gregorium fratres, 1490.   Folio

(Zweimal vorhanden) **Averois** De substantia orbis. — Folio 196
                                                                                                             274

(In zwei Bänden) Libri canonis quinque, quem princeps Aboali 220
Abinsceni de medicina edidit, translatus a Gerardo Cremonensi in 72
Toleto ab Arabico in Latinum. Mediolani per Filippum de Lavagnia, huius artis stampandi in hac urbe primum latorem atque inventorem, 1473.   Folio

Liber canonis Aboali Alhascen **Abinsceni** tertius de aegritudi- 21
nibus particularibus, quae sunt appropriatae membris hominis occultis et manifestis a capite usque ad pedes, continens XXII fen, quae complectuntur LII tractatus. (Herausgegeben von Petrus Venetus). Patavii, Joannes Herbot (qui Magnus nomine dictus erat), correxit Mutius, 1476.   Folio

Universum opus Hispalensis principis **Avicennae**, quod in sacris 73
medicinis composuit (Libri canonis quinque translati a Gerardo Cremonensi in Toleto ab arabico in latinum. Libellus Avicennae de viribus cordis translatus ab Arnaldo de Villanova Barchinone). Ruminat haec Petrus medicae doctissimus artis, interpres Mutius corrigit haec eadem. Venetiis per Dionysium Bertochum Bononiensem, 1459 et 1490).   Folio

Liber tertius Canonis **Avicennae** de aegritudinibus particularibus, 75
quae sunt appropriatae membris hominis occultis et manifestis a capite usque ad pedes. Cum Gentilis Fulginatis commento. Venetiis per Baptistam de Tortis, 1492.   Folio

Ein Theil des Canons von **Avicenna** aus dem Lateinischen des 120
Gerardus Cremonensis in das Hebräische übersetzt. Neapel, Elzario Ben Josef, 1492.   Folio

Expositio Dini Florentini (Dyni de Florentia) super tertia et 219
quarta et parte quintae fen quarti Canonis **Avicennae** cum textu. — Gentilis de Florentia super primum et secundum et tertium tractatum

fen quintae quarti Canonis Avicennae, scilicet de dislocationibus et fracturis, quos Dynus non exposuit, expositio. — Tractatus Dini de ponderibus et mensuris. — Compilatio emplastrorum et unguentorum Dini Florentini. — Gentilis de Fulgineo super tractatu de lepra. Venetiis mandato et impensis Octaviani Scoti civis Modoeticnsis per Bonetum Locatellum Bergomensem, 1496.   Folio

(Das dritte Buch mit der ersten Fen des vierten Buches in zwei   221
Bänden und jeder Band doppelt vorhanden) Primus et tertius et prima   77
fen quarti Canonis **Avicennae** cum explanatione Jacobi de Partibus   78
Tornacensis. Lugduni, Johannes Trechsel Alemannus, (nach dessen   79
Tod) Johannes Clein Alemannus, 1498.   Folio   80

Opus **Baldi** de Perusio super sexto libro Codicis. Johannes do   443
Colonia, Nicolaus Yenson sociique, 1480.   Folio

Lectura **Baldi** de Perusio super primo, secundo et tertio Codicis,   430
diligenter emendata atque impressa ductu et expensis Johannis de
Collonia, Nicholai Jenson sociorumque, 1481.   Folio

Lectura **Baldi** de Perusio super septimo et octavo et nono Codicis,   8
quae in felici gymnasio Papiae per eundem compillata fuit. Johannes
de Collonia, Nicholaus Jenson sociique, 1481.   Folio

Margarita **Baldi**. — Baldi de Ubaldis Perusini Repetitiones ex   442
libro autographo venerandae vetustatis extractae (Super famosissima l.
In suis ff. De liberis et posthumis, noviter reperta prout originaliter

fuit manu sua commentata. — Super famosa et difficili l. Si filius heres ff.
De liberis et posthumis. — Super splendidissima l. II. C. De rescindeu.
venditio.). — Venetiis per Bernardinum Stagninum de Tridino de Monteferrato, 1499. Folio

Fratris **Baptistae** Mantuani Carmelitae Contra poëtas impudice 171
loquentes carmen. — De suorum temporum calamitatibus opus. Bononiae
impressum solerti animadversione Francisci Cereti Parmensis, impensis
Benedicti Hectoris bibliopolae Platonisque eiusdem impressoris accuratissimi, 1489. 4°

Fratris **Baptistae** Mantuani Carmelitae De patientia aurei libri 171
tres. Brixiae per Bernardinum Misintam Papiensem, 1497. 4°

Baptistae Mantuani Carmelitae De patientia aurei libri tres. 167
Basileae opera Johannis Bergman de Olpe, 1499. 4°

Opera **Baptistae** Mantuani Carmelitae. Impressa in alma universitate Coloniensi apud Praedicatores, 1500. 4° 161

Castigationes Plinii Hermolai **Barbari** (Castigationes Plinianae). — 395
Plinianae castigationes secundae (Editio in Plinium secunda). — Emendatio in Pomponium Melam. — In Plinium glossemata (Obscurae cum
expositionibus suis voces in Pliniano codice). — Folio

Philippi de **Barberiis** Siculi Libellus de animorum immortalitate. — 59
Libellus de diva providentia, mundi gubernatione, hominum praedestinatione atque reprobatione. — Opusculum de his, in quibus Augustinus
et Hieronimus dissentire videntur in divinis litteris. — 4°

Repetitio rubricae de verbo obli. Edita in studio Pisano a Baldo 307
Secundo de **Bartholinis** de Perusia. — De §. Si quis ita. Senis per
Henricum de Haerlem, 1493. Folio

(Zwei Exemplare mit Goldinitialen, wovon eines mit Randmalerei; 122
zwei andere Exemplare ohne diese Ausstattung). **Bartholomaeus** 123
Anglicus, De proprietatibus rerum. Anthonius Koburger inclitae Nuren- 259
bergae civis, 1483. Folio 269

Casus decretorum (decreti) **Bartholomaei** Brixiensis. In urbe 293
Basilien. per Nicolaum Kesler, 1489. Folio

Bartoli super secunda parte Digesti veteris. Venetiis per Baptistam de Tortis, 1492. 346
Folio

Bartolus super prima Infortiati. Venetiis per Baptistam de Tortis, 347
1493. Folio

Bartolus super secunda Digesti novi. Venetiis per Baptistam 15
de Tortis, 1493. Folio

(Bartolus super secunda parte Codicis) Lectura Bartoli de Saxo- 348
ferrato super secundo Codicis quam diligentissime castigata novisque
additionibus Alexandri de Ymola illustrata. Venetiis per Baptistam de
Tortis, 1493. Folio

Sancti Basilii De liberalibus studiis et ingenuis moribus liber 455
per Leon. Ar. ex grac. in latinum conversus. — Oratio de individia e
graeco in latinum conversa per Nicolaum Perotnm. (Herausgegeben von
Philippus Beroaldus). 1497. Folio

Magistralis compositio astrolabii Hanrici Bate. Venetiis arte et 48
impensis Erhardi Ratdolt de Augusta, 1485. 4°

Die Bayerischen Lantrecht. Augßpurg, 1484. Folio 35

Ein nuczberlichs Beichtpüchlin dem Menschen gar nucz ze hören 97
und zu lesen an Sel nnnd Leib. Gedruckt und vollendet in Augspurg
von Hansen Schobsser, 1494. 4°

(Zweimal vorhanden, mit Bildern, jene der älteren Auflage coloriert.) 35
Von der rechtlichen Überwindnng Cristi wyder Sathan den Fürsten der 90
Helle und des Sünders Betröstung, als man erfindt XLI. q. IIII porro.
(Processus iudiciarius Belial intitulatus de latino in vulgarem stilum
mirifice translatus, opus in quod egregium commendandumque finit
fantissime. Quem aereis figuris Johannes Schönsperger in Caesarea urbo
Augustensi feliciter atque dignissime perfecit). Das Buch Belial genant,
von des Gerichts Ordnung, ein hochgründ und lobsames Werck, das hat
gedruckt und volendet Hannß Schönsperger in der keyserlichen Stat
Augspurg, 1482 und 1500. 4°

Armandus de Bellovisu, De declaratione difficilium terminorum 184
tam theologiae quam philosophiae ac logicae. Impensis Michaelis Wensler
in urbe Basileornm, 1491. 4°

(In zwei Bänden) Repertorium morale perutile praedicatoribus. 260
Editum per fratrem Petrum **Bercharii** (Berchorii) Pictavien. meritoque 261
Dictionarius appellatum, quam quodlibet vocabulum (saltem praedicabile)
secundum alphabeti ordinem dilatat, distingnit auctoritates, dividit applicatque exempla naturalia, figuras et aenigmata (Herausgegeben von
Johannes Bekenhanb). Anthonius Koberger, Nurenbergae, 1499. Folio

Petri de **Bergomo** Super omnia opera divini doctoris Thomae 343
Aquinatis tabula. Basileae per Bernhardum Richel, 1478. Folio

(Repertorium notabilium sententiarum in omelias melliflui doctoris 434
Bernhardi super Cantica canticorum) Sermones egregii atque melliflui
doctoris beati **Bernhardi** Clarevallensis abbatis super Cantica canticorum. Rozstock per fratres communis vitae ad sanctum Michaelem,
1481. Folio

Melliflui devotissimique beati **Bernardi** abbatis Clarevallensis 444
insigne opus sermonum de tempore praecipuisque festivitatibus ac quibusdam specialibus materiis. Exaratum Basileae per Nicolaum Kesler
1495. Folio

Casus longi **Bernardi** super Decretales (Casus longi super quinque 292
libros Decretalium a domino Bernardo eorundem praecipuo glosatore
utiliter compilati). Casus breves Decretalium, Sexti et Clementinarum
(Casus summarii quinque librorum Decretalium, Sexti et Clementinarum).
Argentinae, 1484. Folio

Bernoldus monachus de Caesaria Cisterciensis ordinis Augustensis 353
dyocesis, Themata posita de singulis diebus dominicis et festivis (Nach
dem Buche von Thomas Dornberg: Compendium theologicae veritatis). —
Folio

(Zweimal vorhanden) Orationes et quamplures apendiculae versuum 173
editae a Philippo **Beroaldo** Bononiensi. Impressae Bononiae in commune 175
a Benedicto Hectoris librario et Platone de Benedictis impressore
solertissimo civibus Bononiensibus, 1491. 4°

(Mit Bildern) Frater **Bertoldus** sacerdos ordinis praedicatorum, 7
Horologium devotionis. Per Johannem Landen Coloniae infra sedecim
domos comorantem. — 8°

Centiloquium **Bethem** et de horis planetarum. Venetiis per Bonetum 106
Locatellum impensis Octaviani Scoti civis Modoetiensis, 1493. Folio

Bibel* (aber nur das alte Testament bis zum Psalterium). Mainz, 393
Fust und Schöffer, 1462. Folio

(**Bibel**** mit schönen Initialen) Praesens hoc opus praeclarissimum 333
alma in orbe Maguntina inclitae uationis germanicae, quam dei clementia
tam alti ingenii lumine donoque gratuito ceteris terrarum nacionibus
praeferro illustrareqne dignata est, artifici osa quadam adinvencione
imprimendi seu caracterizandi absque ulla calami exaracione sic effigiatum et ad eusebiam dei industrie consummatum per Petrum Schoiffer
de Gernßhem, 1472. Folio

Biblia impressa Venetiis per Franciscum de Hailbrun et Nicolaum 111
de Frankfordia socios, 1475. Folio

Opus **Veteris Novique Testamenti.** Nurmbergae per Anthonium 320
Coberger, 1475. Folio

Liber manualis ac introductorius in **Bibliae** historias figurasque 127
veteris ac novi testamenti peroptimus, Aurea Biblia vocitatus (Frater
Antonius Ampigollus). Ulm per Johannem Zeiner de Rütlingen, 1475. Folio

(Zweimal vorhanden) Figurarum **Bibliae** fructuosum et utile com- 117
pendium, quod et Aureum alias Bibliae Repertorium nuncupatur (Frater 238
Anthonius Rampigollis). 1476 und 1484. — Folio

(In zwei Bänden, mit Holzschnitten) Die gantze Heylige Geschrifft, 318
genantt die **Bybel.** Augspurg, Anthoni Sorg, 1477. Folio 319

Omnes **Divinae Historiae** libri (Menardus solo nomine Monachus). 321
Per Bernardum Richel civem Basiliensem, 1477. Folio

Biblia impressa Venetiis opera atque impensa Theodorici de 400
Reynsburch et Reynaldi de Novimagio Theutonicorum ac sociorum,
1478. Folio

(Zweimal vorhanden) Insigne **Veteris Novique Testamenti** opus 392
cum canonibus evangelistarumque concordantiis (Herausgegeben von 388
Menardus solo nomine Monachus). Impressum in oppido Nurnbergen. per
Antonium Coburger, 1478 und 1480. Folio

---

*) Bei den Bibeln wurden auch aufgenommen: Vetus Novumque Testa-
mentum, Divina Historia, Heylige Geschrifft, Liber Vitae.
**) Beim Einbinden des Buches im 16. Jahrhundert wurde vorn ein
Kupferstich eingelegt (Kain erschlägt den Abel), gezeichnet von Martin de Vos,
gestochen von Sadeler.

(Ein Exemplar, aus einem Band bestehend, mit schönen colo- 362
rierten Holzschnitten, Goldinitialen und Randmalereien; das andere 363
Exemplar, aus zwei Bänden bestehend, wovon der erste Band dreimal 364
vorhanden ist, in einfacherer Ausstattung) Das durchleuchtigist Werck 445
der gantzen Heyligen Geschrifft, genant dy Bibel, für alle ander vor- 446
getrucket tentsch Biblen lauterer, clarer und warer nach rechter gemeyner
Teutsch, mit hohem und großem Vleyß gegen dem lateynischen Text
gerechtvertigt, underschidlich punctirt, mit Uberschrifften bey dem meysten
Teyl der Capitel und Psalm, iren Inhalt und Ursach anzaygende. Und
mit schönen Figuren dy Hystorien bedeutende. Gedruckt durch Anthonium
Koburger in Nürenberg, 1483. Folio

(Mit schönen Initialen und Randmalereien) Sacrosanctum **Bibliae** 25
volumen. Venetiis, Johannes dictus Magnus Herbort de Selgenstat
Alemanus, 1484. Folio

Biblia. 1486. Folio 112

Liber Vitae. **Biblia** cum tabula alphabetica et cum singulis suis 26
locis concordantibus sacraque illustratione catholicae fidei, summa cum
lucubratione emendata ac noviter impressa. (Tabula alphabetica ex
singulis libris et capitulis totius bibliae, tam ex veteri quam novo testa-
mento a Gabriele Bruno Veneto summa cura et sollicitudine composita
ac ordinata). Venetiis, 1490. 4º

(Zweimal vorhanden) Insigne opusculum omnes **Veteris ac Novi** 119
Testamenti codices iuxta beati Hieronimi interpretationem in se claudens. 412
Impensis Anthonii Koburger, Nurenbergae, 1482. Folio

Biblia (Liber Vitae). In cuius quidem margine singulorum locorum 147
concordantiae diligenter annotatae sunt nominumque hebraicorum inter-
pretationes solito more annectuntur. Correcta insuper ac studiosissime
emendata per Petrumangelum de Monte Ulmi. Venetiis sumptibus et
arte Hieronymi de Paganinis Brixiensis, 1492. 4º

(Mit einem colorierten Bilde des heiligen Hieronymus) **Biblia** 24
integra, summata, distincta, accuratius reemendata, utriusque testamenti
concordantiis illustrata. Per Johannem Froben de Hammelburgk, Basileae,
1495. 4º

Biblia cum concordantiis veteris et novi testamenti. — Folio 330

(Mit schönen Initialen und Randmalereien) **Biblia** cum concordantiis 401
veteris et novi testamenti. Argentinae, 1497. Folio

(In vier Bänden) **Biblia** cum glosa ordinaria ex expositione 113
Nicolai de Lyra litterali et morali necnon additionibus ac replicis 114
(Herausgegeben von Sebastianus Brant). Basileae, Johannes Petrus de 115
Laugendorff una cum Johanne Froben de Hamelburg. — Folio 116

Epithoma expositionis canonis missae magistri Gabrielis **Biel.** 158
In Thüwingen impressum. — 4°

Sermones de sanctis perutiles a quodam fratre Hungaro ordinis 183
minorum de observantia comportati, **Bigae** salutis intitulati. Impensis
et sumptibus Johannis Ryman per Henricum Grau in imperiali oppido
Hagenaw, 1497. 4°

Blondi Flavii Forliviensis Roma instaurata. De gestis Venetorum. 266
Impressum Veronae per Boninum de Boniniis de Ragusa, 1481. Folio

Blondi Flavii Forliviensis Italia illustrata. Impressum Veronae, 266
1482. Folio

Blondi Flavii Forliviensis Historiae ab inclinatione Romanorum 418
imperii (Historiae Blondi, quas morte praeventus non complevit, cum
tamen interim Romam instauratam tribus libris, Italiam illustratam libris
octo et Romam triumphantem libris decem absolverit). Venetiis per
Octavianum Scotum Modoeticnsem. 1483. Folio

Genealogia deorum gentilium secundum Joannem **Boccacium** de 440
Certaldo (Das Register hiezu von Dominicus de Aretio). — De montibus,
silvis, fontibus, lacubus, fluminibus, stagnis sen paludibus, de nominibus
maris. Laurentii sumptibus Bartholomaeus Bottona, Regii, 1481. Folio

Boetii De consolatione philosophiae liber cum optimo commento 180
beati Thomae. — Compendiosa succinctaque resumptio dictorum in
libros Boetii de consolatione philosophiae. Imperiali in oppido Hagenaw,
1491. 4°

Boetius, De philosophiae consolatione necnon de scolarium disci- 257
plina cum sancti Thomae super utroque commentariis. Venetiis per
Joannem de Forlivio et Gregorium fratres, 1491. Folio

Opera **Boetii** (Herausgegeben von Nicolaus Judecus Venetus). 257
In Porphyrii Isagogen a Victorino translatam editio prima, In Porphyrii
Isagogen a Boetio ipso translatam editio secunda, In cathegorias Aristo-
telis editio una, In librum Aristotelis de interpretatione editio prima

et secunda, De divisionibus liber unus, De definitionibus liber unus, Ad cathegoricos syllogismos introductio, Commentariorum in Topica Ciceronis libri sex, De differentiis topicis libri quattuor, De syllogismo cathegorico libri duo, De syllogismo hipothetico libri duo, De trinitate libri duo (Quo modo trinitas est unus deus et non tres dii), De hebdomadibus liber unus, De unitate et uno liber unus, Contra Euthichen et Nestorium de duabus naturis et una persona Christi liber unus. — De arithmetica libri duo, de musica libri quinque, De geometria libri duo (Geometria Euclidis a Boetio in latinum translata. Boetii de geometria liber). Venetiis per Joannem et Gregorium de Gregoriis fratres, 1492. Folio

Thomae de Aquino super libris Boetii de consolatu philosophico 142 commentum (Boetius de consolatione philosophiae cum commento Thomae de Aquino). Anthonius Koberger civis inclitae Nurnbergensium urbis, 1495. 4°

Opera Boetii (Herausgegeben von Nicolaus Jndecus Venetus). 441 In Porphirii Isagogen a Victorino translatam editio prima etc. (bis: persona Christi liber unus; siehe die Ausgabe vom Jahre 1492). — De consolatione philosophiae cum editione commentaria beati Tomae de Aquino, De disciplina scholarium cum sancti Tomae commentariis. Venetiis per Joannem de Forlivio et Gregorium fratres, 1497. Folio

Anitius Manlius Severinus Boetius. De arithmetica libri duo. De 441 musica libri quinque. De geometria libri duo. Venetiis per Joannem et Gregorium fratres, 1499. Folio

Tractatus contra perfidiam aliquorum Bohemorum. (Streitschrift 168 gegen den hussitischen Bischof Johann Rokycana und seine Anhänger). Argentinae, 1485. 4°

(Mit Holzschnitten) Tractatus Dominici Bollani de conceptione 52 gloriosissimae dei genitricis virginis Mariae. Argentinae per Joannem Grüninger, 1500. 4°

Seraphici doctoris sancti Bonaventurae Sermones de tempore 245 et sanctis cum communi sanctorum. Reutllingen, 1484. Folio

(In vier Bänden) Bonaventurae Perlustratio in arcana quatuor 358
librorum sententiarum (Herausgegeben von Johannes Bekenhaub Moguntinus). Nurenbergae, 1491. Folio 359
360
361

Tractatus eximii doctoris **Bonaventurae** ordinis minorum de 96
corpore Christi et de praeparatione ad eius devotam susceptionem
ritumque celebrationem misterii missae etc. 1499. 4°

Boneti de Latis hebraei medici provenzalis Anuli astronomici 69
utilitatum liber. — 4°

Bonifacius VIII. Liber Sextus Decretalium (Herausgegeben von 277
Johannes Andreae). Magna cura atque diligentia emendatus ac impressus
Mediolani per Joannem de Honate, impensis Petri Antonii de Castelliono
et Ambrosii de Caymis Mediolanensium, 1482. Folio

Bonifacius VIII. Sextus liber Decretalium (Commentiert von 437
Joannes Andreae Bononiensis). Venetiis per Andream de Bonetis de
Papia, 1486. Folio

(Zweimal vorhanden) **Bonifacius VIII.** Sexti libri Decretalium 9
compilatio illustrata lucubrationibus et additamentis Hieronymi Clarii 380
Brixiani cum summulis et divisionibus Dominici de sancto Geminiano
et aliorum in locis, ubi desunt summaria Joannis Andreae. Venetiis
per Baptistam de Tortis, 1494 et 1497. Folio

Hoc opus egregium ab illuminatissimo Benceslao **Brack** professore 438
etc. ex divinis humanisque scripturis originalibus compilatum. Nedum
trivii ac quadruvii artium liberalium sedet, aliarum theologiae, legum,
canonum, medicorum atque poetarum facultatum Similiter aliorum quorum-
cuuque tam temporalium, quam spiritualium statuum vocabula differen-
tialiter continens, Vocabularium Archonium nuncupatum. — 4°

(Zweimal vorhanden) Vocabularius rerum (Herausgegeben von 181
Wenczeslaus **Brack**). Impressum Augustae per Johannem Schonsperger, 176
1495. 4°

(Mit Holzschnitten) Narragonica navis per Sebastianum **Brant** 174
vulgari sermone theutonico quondam fabricata atque iam pridem per
Jacobum Locher cognomento Philomusum in latinum traducta perque
practactum Sebasti. B. denuo revisa aptissimisque concordantiis et
suppletionibus exornata. Argentinae per Joannem Gruninger, 1497. 4°

(Varia Sebastiani **Brant** carmina) Carminum Sebastiani Brant tam 447
divinas quam humanas laudes decantantium opus. Basileae opera et
impensis Johannis Bergman de Olpe, 1498. 4°

(Nachdruck des vorangehenden Buches) Varia Sebastiani **Brant** 144
carmina. Argentinae opera et impensis Joannis Grüninger, 1498. 4°

(Mit einem Holzschnitt) Pars **Breviarii** hyemalis et Pars aesti- 148
valis iuxta morem almae Babenbergensis ecclesiae fideli emendata 255
cura. Industria ac impensis Johannis Pfeyl, 1498 et 1499. 8°

Breviarium divinorum officiorum secundum ordinationem sanctae 32
ecclesiae Patavinae. Cura et impensis Johannis Petri Pataviensis actore
Johanne Hertzog in Venetiarum urbe inclyta, 1499. 4°

(Mit colorierten Abbildungen von Städten, Gebäuden und Trachten) 439
Bernhardus de **Breydenbach**, Opus transmarinae peregrinationis ad
venerandum et gloriosum sepulcrum dominicum in Iherusalem (Sanctarum peregrinationum in montem Syon ad venerandum Christi sepulcrum
in Jerusalem atque in montem Synai ad divam virginem et martirem
Katherinam opusculum). Per Erhardum Reuwich de Traiecto Inferiori in
civitate Moguntina, 1486. Folio

(Mit Abbildungen von Städten, Gebänden und Trachten, von 268
welchen mehrere coloriert sind) Bernhard von **Breydenbach**, Die Fart
uber Mer zu dem heiligen Grab unsers Herren Jhesu Cristi gen Jerusalem (Die heyligen Reyßen gen Jherusalem zu dem heiligen Grab und
furbaß zu der hochgelobten Jungfrauwen und Martreryn sant Katheryn).
Durch Erhart Rewich von Uttricht ynn der Statt Meyntz, 1486. Folio

Abschrifft von dem **Brieff**, den Got selber geschriben hat. — Folio 35

Wie man einem yecklichen, was Wurden und Stads der ist, 108
schryben soll, neu practicirt Rethoric und **Brieff-Formulary** des Adels,
Stetten und Ländern des hochtütschen yetz louffenden Stylums und
Gebruchs, vormals durch die synreichen Kunst buchtrucken in gmein
nit aßgegossen (Heinricus Geßler von Fryburg). Straßburg, Johannes
Pruß, 1493. Folio

Von der Bewerung und Bestettigung der Offenbarungen Sant. 97
Birgitten. Dy Burde der Welt. Getruckt durch Cunradum Zeniger,
Burger zu Nuremberg, 1481. 4°

(Zweimal vorhanden) Psalterium (Liber psalmorum) beati **Brunonis** 28
episcopi Herbipolensis ex doctorum dictis collectum. — Psalmus, qui 160
proprie scribitur David extra numerum psalmorum, cum pugnavit cum
Goliath. — Canticum Esaiae prophetae 12. c. et Canticum Ezechiae
regis Esaiae 38. ca. — Canticum Annae primi Regum secundo capitulo.

Canticum Moisi Exodi 15. capitulo et Deuteronomii 32. ca. — Oratio Abacuc prophetae pro ignorantiis 3. ca. — Himnus trium puerorum Danielis 3. ca. — Canticum Zachariae Lucae 1. capitulo, Canticum sanctae Mariae ad vesperam Lucae 1. ca. et Canticum Symeonis Lucae 2. ca. — Oratio dominica Math. 6. et Lucae 11. — Simbolum apostolorum. — Laudes post noctur. himnus, quem sanctus Ambrosius et sanctus Augustinus invicem condiderunt. — Fides catholica sancti Athanasii episcopi. Per Anthonium Koberger, 1494 et 1497. 4°

(Mit Holzschnitten) Liber pestilentialis de venenis epidimiae. Das 101 Buch der Vergift der Pestilentz, das da genant ist der gemein Sterbent der Trüsenblatten von Jeronimo **Brunswig** (Brunschwig). Durch Hansen Grüninger, 1500. Folio

Tractatus de indiciis et tortura. Editus per Franciscum **Brunum** 307 de Sancto Severino. Senis per Henricum de Haerlem, 1495. Folio

Disputatio **Bulgarini** de Bulgarinis Seuensis (Sempronius condidit 307 testamentum cum clausula codicillari etc.) Una cum consilio ad dictam materiam pertinente. Senis per Henricum de Haerlem, 1493. Folio

(In italienischer Sprache) Lucas de **Burgo**, Ars arithmeticae et 131 geometriae (Summa de arithmetica, geometria, proportioni et proportionalita). Vinegia, Paganino de Paganini da Brescia, 1494. Folio

Antonii de **Butrio** consilia impressa Venetiis per Dionysium de 382 Berthochis Bononiensem, 1493. Folio

Isocratis oratio ad Nicoclem, Cypri regem, de regno administrando 65 per Franciscum **Buzacharinum** e graeco in latinum traducta. — 4°

DIE INCUNABELN IN DER FIDEICOMMISS-BIBLIOTHEK DES FÜRSTEN DIETRICHSTEIN AUF SCHLOSS NIKOLSBURG.

Nr. 2.

Ausgegeben im Jänner 1906.

Repetitio super l. diem functo ff. de officio assessoris. Edita per Johannem Baptistam de **Caccialupis** de Sancto Severino. Senis per Henricum de Haerlem, 1493. 307 Folio

Repetitio Jo. Baptistae de **Caccialupis** de Sancto Severino super l. imperium et l. iubere cavere ff. de iurisd. om. indi. Cum quaestionibus pertinentibus ad eas. — Tractatus de ludo. Senis per Henricum de Haerlem, 1494. 307 Folio

Repetitio legis admonendi, sitae in titulo de iureiurando per Joannem Baptistam de **Caccialupis**. Venetiis per Philippum Pinzi, 1496. 276 Folio

Bartholomaei **Caepollae** Veronensis Libellus de contractibus emptionum et locationum cum pacto de retrovendendo simulatus (De simulatione contractus). Senis per Henricum Harlem, 1493. 307 Folio

C. Julii **Caesaris** Commentariorum de bello Gallico libri septem. A. Hirtii Octavus liber, quem ipse addidit libro septimo Commentariorum C. Julii Caesaris de bello Gallico. — C. Julii Caesaris Commentariorum de bello civili libri quinque. A. Hirtii aut Opii Commentariorum de bello Hispaniensi liber sextus. — Index Commentariorum C. Julii Caesaris et earum rerum, quas ad cognitionem urbium et fluminum et locorum Raymundus Marlianus invenit atque addidit. Philippus Lavagna Mediolanensis, Mediolani, 1478. 458 Folio

Caesarum vitae (In hoc codice continentur Caius Suetonius 302
Tranquillus de duodecim Caesaribus. Aelius Spartianus, Julius Capitolinus, Aelius Lampridius, Trevellius Pollio, Flavius Vopiscus, Eutropius et Paulus Diaconus, De regum ac imperatorum Romanorum vita). Venetiis per Joannem Rubeum de Vercellis, 1490. Folio

Domitii **Calderini** Veronensis Commentarii in M. Valerium 459 Martialem. — Defensio cum recriminatione in calumniatorem commentariorum in Martialem, quos nondum ediderat. Venetiis opera et impendio Johannis de Colonia Agripinensi et Johannis Mantheu de Gerretzen, qui una fideliter degentes, eosdem impressores ad hoc duxerunt, 1474. Folio

Domitii **Calderini** Veronensis Commentarii in M. Valerium Mar- 456 tialem (Epigrammaton libri duodecim — Xenia — Apophoreta). Defensio cum recriminatione in calumniatorem commentariorum in Martialem, quos nondum ediderat. Venetiis, 1480. Folio

Domitii **Calderini** Veronensis Commentarii in satyras Juvenalis 457 (Herausgegeben von Calphurnius Brixiensis). In satyras Iuvenalis editi Romae, quum ibi publice profiteretur. — Defensio adversus Brotheum grammaticum, commentariorum Martialis calumniatorem, cum recriminatione retaxationis Plinianae, in qua Brotheus ducentis et septuaginta quinque locis praestantissimum scriptorem depravavit. 1474. Folio

Domitii **Calderini** Veronensis commentarii in satyras Juvenalis. In 454 satyras Juvenalis editi Romae, quum ibi publice profiteretur. — Defensio adversus Brotheum grammaticum, commentariorum Martialis calumniatorem, cum recriminatione retaxationis Plinianae, in qua Brotheus ducentis et septuaginta quinque locis praestantissimum scriptorem depravavit. Venetiis per Bartolamaeum de Zanis de Portesio, 1487. Folio

Oratio Jo. Ant. **Campani** episcopi Aprut. in couventu Ratispo. 168 (1471) ad exhortandos principes Germanorum contra Turcos et de laudibus eorum legato existen. Romano domino Car. Senen. — 4°

Jo. Antonii **Campani** Opera (Herausgegeben von Michael Fernus 396 Mediolanen.). Characteribus Venetis Romae per Eucharium Silber alias Franck, 1495. Folio

Johannes Jacobus **Canis** Ludovico Fuscareno, omnis divini ac 65 humani iuris philosopho facundissimo. Nicolao Canali, universae classis in Turchos imperatori designato. — 4°

Opus Martiani **Capellae** de nuptiis philologiae et Mercurii libri 460
duo. Liber III. de gramatica. Liber IV. de dialectica. Liber V. de
rhetorica. Liber VI de geometria. Liber VII. de arithmetica. Liber VIII.
de astronomia. Liber IX. de musica. Mutinae per Dionysium Berthocnm,
1500. Folio

Roberti (**Caraccioli**) de Liteo (de **Licio**) Opus quadragesimale 227
perutilissimum, quod de poenitentia dictum est. — Folio

Opus (Sermones) de laudibus sanctorum secundum fratrem Robertum 248
Caracholum de Licio. Sermo de Sancto Bernardino. Per Georgium
Arrivabenum Venetiis impressum, 1489. 4°

(Sermoues Roberti de sanctis) Sermones de laudibus sanctorum 93
secundum fratrem Robertum **Carazolum** de Licio (Herausgegeben von
Gasparinus Boro Venetus). Venetiis per Bernardinum Benalium, 1490. 4°

Quadragesimale Roberti **Caracholi** de Licio de peccatis cum 91
aliquibus sermonibus annexis. Offenburg, 1496. 4°

(Auf dem ersten Blatte steht von der Hand des Nikolsburger 461
Propstes Vincenz Weintritt, † 1849, Folgendes geschrieben: „Editio
princeps et unica; sie wurde in Wien in meiner Gegenwart um
30 fl. C. M. bezahlt. Das Liber Conformitatum, von dem ich die Ausgabe
Mediol. 1510 besitze, von Albizzi, ist nur eine alberne . . . . *
Latein. V. W.") Liber, qui intitulatur Arbor vitae crucifixae Jesu et
dicitur opus Ubertini de **Casali**. Venetiis per Andream de Bouettis de
Papia, 1485. Folio

Divae **Cassandrae** Fidelis virginis Venetae in gymnasio Patavino 185
Proberthutio Lamberto canonico Concordiensi liberalium artium insignia
suscipiente oratio (1487). Ludovicus Seledeus Vincentinus, philosophorum ac medicorum rector, Cassandrae Fideli, virgini pudicissimae,
musarum alumnae, oratrici facundissimae. Cassandra Fidelis Ludvico
Seledeo Vincentino, liberalium artium rectori dignissimo. Angelus
Cancredus Lucanus Pulcan divae Cassandrae Venetae felicitatem glori-
amque (1488). Francisci Nigri Veneti doctoris in dictam Cassandram
Pisteam paeonicum saphicon. Petrus Abietiscola Nerimontanus, artium
magister, Cassandrae Fideli Venetae, virgini venustissimae et oratrici
facundissimae felicitatem laudemque immortalem optat. Couradi
Celtis Protutii Ode ad Appollinem repertorem poëticcs, ut ab Ytalis
cum lyra ad Germanos veniat. — 4°

---

*) Die fehlenden Worte sind herausgeschnitten.

Cassiodori clarissimi senatoris in Psalterium expositio. Per 244
Johannem de Amerbach praeclarae Basiliensis urbis civem, 1491. Folio

Per Amodeum Justinum de Castello compositus tractatus sindi- 307
catus cum expositione inquisitionis generalis et querelarum porrectarum
contra officiales et eorum defensiones (De sindicatu officialium). Repertorium tractatus. Senis per Henricum de Haerlem, 1493. Folio

Dialogus seraphicae ac divae Catharinae de Senis cum nonnullis 6
aliis orationibus (Herausgegeben von Stephanus Carthusiensis). In alma
civitate Brixiae per Bernardinum de Misintis de Papia, 1496. 8°

Marci Catonis Prisci de re rustica liber unus. Is enim absolutus 429
nec imperfectus Plinio auctore collectus est (Herausgegeben von Georgius
Alexandrinus). — Folio

Cato moralissimus cum elegantissimo commento (Liber de doc- 151
trina Catonis, ampliatus per sermones rhetoricos et morales per fratrem
Robertum de Euremodio monachum Clarevallis). Daventriae per Jacobum
de Breda. — 4°

Valerii Catulli Veronensis libellus. — Folio 266

Cebetis Thebani Tabula e graeco in latinum conversa per Ludo- 455
vicum Odaxium Patavinum (Herausgegeben von Philippus Beroaldus).
1497. Folio

Conradus Celtis Protucius, Ars versificandi et carminum (Im 150
Anschlusse mehrere Gedichte von Conradus Celtis Protucius und von
Fridianus Pighinucius). Conradi Celtis Proseuticum ad divum Fridericum tertium pro laurea Appollinari. Impressum in Nurnberg per
F. Kreusner. — 4°

Conradi Celtis Protucii Panegyris ad duces Bavariae et Philippum 155
Palatinum Rheni, dum in Ingelstadio donatus fuisset publico stipendio.
Oratio in gymnasio in Ingelstadio publice recitata (1492). Ode ad
Sigismundum Fusilvi Vratislamensem paranetice (Quibus instituendi sint
adolescentes). Hymnus ad divam dei genitricem pro pace et concordia
principum Germanorum. — 4°

Censorini Opusculum de die natali (Herausgegeben von Philippus 455
Beroaldus). 1497. Folio

Coriolani **Cepionis** Dalmatae Petri Mocenici imperatoris libri tres. 65
Impressum Venetiis per Bernardum Pictorem et Erhardum Ratdolt de
Augusta una cum Petro Loslein de Langencen correctore ac socio,
1477. 4°

Argumentum declamationum novarum, quae apud Sixtum IV. Ponti- 179
ficem Maximum et multos cardinales a Blanco **Ceruto** Veronen. et
Hermolao Curtino actae sunt. 1482. 4°

Interrogatorium sive Confessionale per Bartholomaeum de **Chaimis** 227
de Mediolano compositum. Impressum per Fridericum Creußner civem
Nurembergensem, 1477. Folio

Ohne Titel (Eine Schrift, in welcher den Juden bewiesen wird, 344
daß **Christus** wirklich der verheißene Messias sei). Diß Buch hat
gedruckt Friez Creußner zu Nüremberg, 1473. Folio

(Dreimal vorhanden) Liber **Chronicarum** cum figuris et ymaginibus 11
ab inicio mundi (Opus de hystoriis aetatum mundi ac descriptione 12
urbium, completum in famosissima Nurembergensi urbe, collectum brevi 13
tempore auxilio doctoris Hartmanni Schedel qua fieri potuit diligentia). —
Aeneae Cardinalis S. Sabinae de his, quae sub Caesare Friderico tercio
imperatore per Germaniam et Europam gesta sunt, cum locorum descriptione. Ad intuitum et preces providorum civium Sebaldi Schreyer et
Sebastiani Kamermaister hunc librum Anthonius Koberger Nurembergae
impressit. Adhibitis viris mathematicis pinguendique arte peritissimis
Michaele Wolgemut et Wilhelmo Pleydenwurff, quorum solerti accura-
tissimaque animadversione tum civitatum, tum illustrium virorum figurae
insertae sunt. 1493. Folio

(Das Buch von den Geschihten der Alter der Werlt und von 448
Beschreibung der berümbtisten und namhaftigisten Stett sagende durch
Georgium Alt auß Latein in Teutsch gebracht 1493. — Aeneae de
Picolominibus des Cardinals sanctae Sabinae Beschreibung der Gschihten
under Kaiser Friderichen dem dritten durch Teutsche Land und Europam
geübt mit Beschreybung der Gegent) Das Buch der **Chronicken** und
Gedächtnus wirdigern Geschihten von Anbegynn der Werlt bis auf dise
unßere Zeit von hochgelerten Mannen in Latein mit großem Fleiß und
Rechtfertigung versammelt und durch Georgium Alten auß demselben
Latein zu Zeiten von Maynung zu Maynung unnd beyweylen — nit
on Ursach — außzugsweise in diß Teutsch gebracht unnd darnach
durch Anthonien Koberger daselbst zu Nürmberg gedruckt, auf An-
regung und Begern der erbern und weysen Sebalden Schreyers und

Sebastianu Kamermaisters Burgere daselbst. Und auch mit Anhangung
Michael Wolgemutz unnd Wilhelm Pleydenwurffs Maler daselbst, auch
Mitburger, die diß Werck mit Figuren wercklich geziert haben. 1493.
Folio

M. Tullii **Ciceronis** ad Quintum fratrem dialogi tres de oratore. 134
Cristophorus Valdarfer Ratisponensis, 1470. Folio

Marci Tullii **Ciceronis** Epistolae ad Atticum, Brutum et Quintum 134
fratrem cum ipsius Attici vita per Cornelium Nepotem. Venetiis Nicolaus
Jenson Gallicus (Christophorus Mauro plenus bonitate fideque dux erat),
1470. Folio

(Pro magno Pompeio luculentissima ad Quirites oratio. — Pro 451
Tito Annio Milone. — Pro Cneo Planco. — Pro Publio Sylla. — Pro
Aulo Licinio Archia poeta contra Gracchum. — In senatu ad populum
contra Legem Agrariam. — Pro Marco Marcello ad P. C. — Pro
L. Agraria apud iudices contra Tri. Ple. — Pro Quinto Ligario. —
Pro Deiotaro rege. — Pro Aulo Cluentio Habito. — Pro Publio Quintio. —
Pro L. Flacco. — Ad Quirites pro reditu suo. Ad senatum post
reditum iterum ab exilio. — Ad Quirites pridie quam iret in exilium. —
Ad pontifices pro domo sua. In Vatinium testem. — Pro Marco
Caelio. — Pro Sexto Roscio Amerino. — Pro Lucio Murena. — Pro
Cornelio Balbo. — De responsis anruspicum in P. Clodium. — De
provintiis consularibus in Pisonem et Gabi. Pro Publio Sextio. —
In Rullum pro Lege Agraria. — Pro Cn. Rabirio perduellionis. — Pro
Aulo Caecinna. — In Lucium Pisonem. — Pro Caelio Rabirio Postumo. —
Invectiva C. Sallustii in Ciceronem. — Responsio contra C. Sallustium. —
Libri quatuor invectivarum in Catilinam) Hoc ingens **Ciceronis** opus
causasque forenses, quas inter patres dixit et in populo, tu quicunque
leges, Ambergau natus alienis impressit formis, ecce magister Adam.
1472. Folio

Orationes Marci Tullii **Ciceronis** cum Verrinis et Philippicis (Pro 435
Lege Manilia sive De laudibus Cn. Pompeii sive De imperatore deli-
gendo. — Pro Tito Annio Milone. — Pro Gn. Plantio ad iudices. —
Pro P. Sylla ad iudices. — De aruspicum responsis. — Pro L. Murena
ad indices. — Pro Sex. Roscio Amerino. — Pro L. Cornelio
Balbo. — Pro P. Sestio. — Pro domo sua ad pontifices. — Pro
P. Quintio. — Pro L. Flacco. — Pro A. Cluentio Habito. — Pro
M. Fonteio. — Pro A. Cecina. — Pro C. Rabirio Postumo. — Pro
C. Rabirio perduellione ad Quirites. — Pro Roscio Comedo. — De Lege
Agraria ad populum, liber III. — In Pisonem. — De Lege Agraria
contra P. Servilium Rullum Tr. Pl., liber II. — Invectivarum in L.

Catilinam libri quatuor. — C. Crispi Sallustii in M. Tul. Ciceronem. — M. Tul. Ciceronis in C. Crispum Sallustium responsiva. — Pro A. Licinio Archia poeta. — In Vatinium testem. — Ad equites Ro. pridie quam iret in exilium. — Qua populo gratias agit de reditu suo. — Qua senatui gratias agit post reditum suum. — Pro M. Coelio. — De provinciis cousularibus. — Pro rege Deiotaro ad C. Caesarem. — Pro M. Marcello ad Patres Conscriptos et C. Caesarem. — Pro Qu. Ligario ad C.' Caesarem. — Accusationum in C. Verrem libri septem. — In M. Antonium orationes quatuordecim, quae Demosthenis in regem Philippum Macedonem exemplo Philippicae nuncupantur). Venetiis per Joannem Forliviensem et Jacobum Brixiensem socios, 1483. Folio

Marci Tullii Ciceronis De officiis libri tres (Herausgegeben von Raphael Regius). Paradoxa. Laelius sive De amicitia dialogus. Cum interpretatione Omniboni Leoniceni Vicentini. — Cato maior sive De senectute. Cum commentariis Martini Phileltici. — Tusculanae quaestiones. Venetiis, 1480. Folio 413

Marci Tullii Ciceronis Officiorum libri tres. Cum Petri Marsi interpretatione. — Laelius sive De amicitia dialogus. Cum interpretatione Omniboni Leoniceni Vicentini. — Cato maior vel De senectute. Cum commentariis Martini Philelthici. Paradoxa. Venetiis per Baptistam de Tortis, 1486. Folio 417

M. T. Ciceronis Rhetorica vetus (Rhetorica vetera). Rhetorica nova ad Herennium (Commentiert von Marius Fabius Victorinus). Venetiis per Baptistam de Tortis, 1483. Folio 417

(Zweimal vorhanden) Ciceronis Liber de fato — Topica — De universitate (Commentiert von Georgius Valla Placentinus). Venetiis per Antonium de Strata Cremonensem, 1485. Folio 209 452

Epitoma in utramque Ciceronis rhetoricam cum arte memorativa nova et modo epistolandi utilissimo (Herausgegeben von Conradus Celtes Protucius; am Schluße einige Gedichte desselben). — 4° 155

M. T. Ciceronis De finibus bonorum et malorum. — Folio 453

Marci Tullii Ciceronis Philippicae. Francisci Manturantii Perusini enarrationes in Philippicas. Venetiis per Joannem de Tridino, 1494. Folio 453

Marci Tullii Ciceronis facundissimi rethoris in Marcum Anthonium orationum, quae Demosthenis imitatione Philippicae dicuntur, Philippica prima (Herausgegeben von Petrus Eolicus). — Folio 468

Claudiani Proserpina. 1484. 4° 62

(Mit Holzschnitten) Bruder Claus (In dem ersten Teyl wirt be- 97
griffen ein hübsche löblich mit Kosung Red und Frag Bruder Clausen
zu Schweitz und eines ersamen Pilgrius. Die erst Frag und Red ist
von der Lieb Gottes. Die ander Frag ist von der Emphfahung der
himelischen Keiserin Mariae. Die dritte Frag ist von dem teglichenn
Brot, darumb wir Got alle Tag bitten seyen. Die vierd Frag ist von
einer Figur und Piltnuß, die der benant Bruder Claus den Pilgrin ließ
sehen und ym die außlegt. Die fünfft Frag ist von der Plag der
Pestilentz. In dem anderen Teyl disses Tractats wirt begriffen ein
besundere geistliche Außlegung der obgestimpten Figur, der disser
Bilgerin darauß genomen hat und wird yn einen geistlichenn Sin
gezogen und geleichet sechß Schlüsselenn unud den sechs Wercken
der heyligen Barmhertzigkeit, dardurch der Mensch einget in das ewig
Vatterland). — 4°

(Zweimal vorhanden) Summa Angelica de casibus conscientiae 233
per Angelum de **Clavasio** compilata. Nurembergae per Anthonium 450
Koberger, 1488 et 1492. Folio

(Summa Angelica correcta secundum primum exemplar ipsius fratris 4
Angeli eo, quod aliae impressae usque in praesentem vitio transscriptorum
in multis sunt diminutae et corruptae) Summa Angelica de casibus conscientiae per fratrem Angelum de **Clavasio** compilata, maxima cum
diligentia revisa et fideli studio emendata. Venetiis per Georgium de
Arrivabenis Mantuanum, 1492. 8°

(Constitutiones **Clementis** Papae Quinti una cum apparatu Joannis 277
Andreae) Clementinarum opus perutile, enucleatius castigatum climatumque
per Johannem Antonium de Honate, impensa atque industria Petri Antonii
de Castelliono et Ambrosii de Caymis Mediolanensium impressum,
1482. Folio

(Constitutiones **Clementis** Papae V. una cum apparatu Johannis 473
Andreae) Clementinarum opus perutile enucleatius castigatum climatumque.
Antonius Koburger, Nurenbergae, 1482. Folio

Constitutiones **Clementis** Papae Quinti una cum apparatu Joannis 437
Andreae. Venetiis per Andream de Bonetis de Papia, 1486. Folio

(Zweimal vorhanden) Constitutiones **Clementis** Papae Quinti una 14
cum apparatu Joannis Andreae. Venetiis per Baptistam de Tortis, 1494 380
et 1496. Folio

(Zweimal vorhanden) Summarium textuale et conclusiones super 291
Sextum et Clementinas (Succinctae et utiles conclusiones circa materiam 411
tam glosarum quam doctorum circa Sextum et Clementinas etiam novissime scribentium una cum pleniori textus eiusdem Sexti et Clementinarum
summario in alma universitate florentissimi studii Colonien. editae in
lucem vivaci lucubratione Johannis **Coelner** (Kölner) de Vanckel.
Summaria et effectus Extravagantium Johannis XXII. Per Johannem
Koelhoff de Lubeck civem Colonien. impressum, 1488 et 1494. Folio

Lutii Junii Moderati **Columellae** Rei rusticae libri tredecim (Herausgegeben von Georgius Alexandrinus). Opera et impensa Bartholomaei 429
Botthoni alias Bruschi Regicnsis, 1482. Folio

(Zweimal vorhanden, mit schönen Initialen und Randmalereien) 193
Petri **Comestoris** Historia scolastica (Scholastica historia Petri Comestoris 226
sacrae scripturae seriem brevem nimis et expositam exponentis). Argentinae, 1485 et 1500. 4°

(**Compendium** octo partium orationis) Opusculum quintupartitum 185
grammaticale pro pueris in lingua latina breviter erudiendis. (Der fünfte
Theil ist aus Laurentius Valla genommen). Gedruckt zu Basel bei
Johannes Amerbach. — 4°

(Zweimal vorhanden) **Composita** verborum. Impressa in Lipczk, 214
1491. 4° 438

Summula de curis febrium secundum hodiernum (1437) modum et 138
usum, compilata per Joannem **Concoregium** (Summula de curis febrium
secundum Jo. Concoregium, quam extractam ab originali concesso a
Lazaro Dataro Placentino Antonius de Carcano imprimi curavit). Papiae,
1485. Folio

(Episcopus Hugo de Landenberg) Constitutiones synodales ecclesiae 218
Constantiensis ad laudem dei editae anno domini 1497. Folio

Liber, qui dicitur **Corona** beatae Virginis. — Folio 194

(Zweimal vorhanden) Repertorium Antonii **Corseti** Siculi in 377
Abbatem et nonnulla aliorum in eadem materia vel consimili inserta. 378
Venetiis per Baptistam de Tortis, 1499. Folio

Laurentius **Corvinus** Novoforensis, Cosmographia dans manu- 155
ductionem in tabulas Ptholomaei, ostendens omnes regiones terrae
habitabiles, diversa hominum genera, diversis moribus et conditionibus
viventes, annumerans diversa animalia in diversis provinciis, insulas,
maria, flumina et montes et plurima scitu dignissima una cum nonnullis
epigramatibus et carminibus (Herausgegeben von Heinricus Bebelius
Justingensis). — 4°

Petri de **Crescentiis** civis Bonon. Ruralium comodorum libri duo- 197
decim. Per Johannem Schüßler civem Augustensem, 1471. Folio

Opus ruralium commodorum Petri de **Crescentiis**. Argentinae, 138
1486. Folio

Q. **Curtii** De rebus gestis Alexandri Magni regis Macedonum 324
liber III.—IX. Mediolani, Antonius Zarotus opera et impendio Johannis
Legnani, 1481. Folio

(Cinus super Codice cum additionibus) Lectura **Cyni** de Pistorio 379
super aureo volumine Codicis cum additionibus suis ubique loco congruo
solerti cura fideliter repositis. Venetiis arte et impensis Andreae de
Thoresanis de Asula, 1493. Folio

Libri et epistolae Caecilii **Cypriani** episcopi Carthaginensis. — Folio 353

D

Das Büchlin **Danielis** des Außlegers der Tram, ein Prophet von 97
den Israheliten, die gefangen gefürt sind worden von der heyligen Stat
Jherusalem. — 4°

Decretorum codex (Decret des Gratianus, herausgegeben von 19
Bartholomaeus Brixiensis). Impressus singulari industria atque impensa
Nicolai Jenson Gallici, Venetiis, 1477. Folio

(Zweimal vorhanden) Liber **Decreti** (Decret des Gratianus, heraus- 18
gegeben von Franciscus Genuensis de Moneliu). Impressus Venetiis arte 279
ac impensa Johannis Herbort de Siligenstat, 1482. Folio

(Die ältere Auflage einmal, die spätere zweimal vorhanden) 366
Decretum de Tortis (Decret des Gratianus). Libellus sive opus super 278
decreto utilissimum valde, in quo continentur sub paucis verbis distinc- 365
tiones omnes et causae decretorum omnesque quaestiones et cuiuslibet
quaestionis solutio regulariter determinata. Venetiis per Baptistam de
Tortis, 1496 et 1499. Folio

Verborum **deponentalium** tractatus, pueris in grammatica proficere 214
volentibus utilissimus (Johaunes de Garlandria). — 4°

(Zweimal vorhanden) Concordancia in passionem dominicam a 46
Nicolao **Dinckelspichel** collectam. — Folio 280

Diodori Siculi biblio·hecae historiae libri, in quibus priscae res, 326
fabulae et multa ac varia de situ locorum ac moribus gentium continentur (Diodori Siculi Historiarum priscarum a Poggio in Latinum
traducti libri). Impressi Venetiis per Andream Jacobi Katharensem,
1476. Folio

Laertii **Diogenis** Vitae et sententiae eorum, qui in philosophia 195
probati fuerunt (Aus dem Griechischen in das Lateinische übersetzt von
Frater Ambrosius, wieder durchgesehen von Benedictus Brognolus).
Venetiis per Nicolaum Jenson Gallicum, 1475. Folio

Diogenes Laertius, De vita et moribus philosophorum) Laertii 172
Diogenis Vitae et sententiae eorum, qui in philosophia probati fuerunt.
(Aus dem Griechischen in das Lateinische übersetzt von Frater Ambrosius,
wieder durchgesehen von Benedictus Brognolus). Venetiis impensis
Octaviani Scoti civis Modoeticusis, 1490. 4°

(Mit Goldinitialen) **Dionysii** Halicarnasei Originum sive Anti- 475
quitatum Romanarum libri undecim (Übersetzt aus dem Griechischen
in das Lateinische von Lappus Biragus Flor.). Tarvisii per Bernardinum
Celerium de Luere, 1480. Folio

Diurnale*) tocius anni partis utriusque cum proprio et communi 5
de sanctis, una cum psalmis et hymnis ceterisque ad ipsum attinentibus
pro Pataviensi ecclesiae rubrica ordinatum. (Cristofer Schachner
Pataviensis praesul sincerissimus censuit impressari). Augustae per
Erhardum Ratdolt, 1494. 12°

Ein Karthüser zu Nürenberg (ein Priester mit dem Nammen Erhart 344
Große), Dry Bücher des **Doctrinals** für Leyen gemacht zu tütsch. — 4°

Quaestiones super duodecim libros Metaphisicae Aristotelis **Dominici** 192
de Flandria ordinis praedicatorum, secundum processum et expositionem
Thomae de Aquino. Venetiis, 1499. Folio

Lectura **Dominici** de sancto Geminiano super Sexto libro 436
Decretalium. Venetiis per Andream Torcsanum de Asula, 1491. Folio

Donati editio minor cum Remigii grammatici optimi et vetustissimi 214
expositione lucida et fertili, dudum edita, sed perpaucis cognita, iam
in florentissimo Coloniensi studio denuo reperta, 1492. 4°

(Zweimal vorhanden) Expositio **Donati** cum quibusdam novis 494
ac pulcerrimis notatis secundum viam doctoris Sancti, perutilis baccala- 214
riandis (Expositio octo partium orationis secundum viam doctoris Sancti.
Ex variis ipsius et aliorum doctorum libris per magistrum Magnum
Magdeburgensem collecta). Impressa Lipczik per baccalarium Martinum
Landßperg de Herbipoli, 1489 et 1492. 4°

Donatus moralizatus venerabilis magistri Johannis Gerson Cancel- 464
larii Parisiensis. — Folio

(Sermones **Dormi** secure) Sermones de sanctis per annum satis 243
notabiles et utiles omnibus sacerdotibus, pastoribus et capellanis, qui
Dormi secure vel Dormi sine cura sunt nuncupati eo, quod absque
magno studio faciliter possint incorporari et populo praedicari. Nurembergae, Antonius Koberger, 1486. Folio

Sermones **Dormi** secure de sanctis. Argentinae, 1493. Folio 42

Sermones **Dormi** secure vel Dormi sine cura de tempore. 42
Argentinae, 1494. Folio

*) Ältere Auflage von **Breviarium** divinorum officiorum secundum
ordinationem sanctae ecclesiae Patavinae (1499), Seite 23.

Thomas **Dornberg** (Dorniberg) de Memmyngen, Compendium 43
theologicae veritatis. — Folio

Thomas **Dornberg**, Compendium theologicae veritatis. Theoloycae 353
veritatis compendium alphabetico ordine registratum ac in regali opido
Ulma per Johannem Zainer impressum. — Folio

Johannis (**Duns**) Scoti. In quartum librum Sententiarum Opus 419
Anglicanum. 1474. Folio

Repertorium (speculi) iuris Guil. **Durantis**, quod ab ipso in opere 437
suo in nonnullis locis et ab aliis viris illustribus aureum gemmatumque
nuncupatur. Arte ac impensa Bernardini de Tridino ex Monteferrato,
Venetiis, 1485. Folio

Speculum iudiciale Guilhelmi **Duranti** cum additionibus Joannis 384
Andreae et Baldi suo loco ubique positis (Herausgegeben von Joannes
Schilinus de Brixia). Venetiis per Bernardinum a Tridino, 1485–1489. Folio

(Rationale divinorum officiorum Guilhelmi Minatensis ecclesiae 194
episcopi) Rationale divinorum officiorum editum per Guilhelmum
Duranti, qui et Speculum iuris et Patrum pontificale composuit. Basileae
per Nicolaum Kesler, 1488. Folio

E

Modus latinitatis (Grammaticae novae synonima latina vulgari 214
locutioni quam eleganter accomodantis, cum variis verborum et sententiarum flosculis ac differentiis notatu dignis, editae per Udalricum

Ebrardi ex Neuburga Claustrali Histro adiacenti. Annexa orthogravia vera secundum usum priscorum regularum, praeterea de dicenti arte quam brevium ac accentuandi modo). 1491. 4°

Ecclesiasticae et tripartitae hystoriae insignia primitivae ecclesiae 315 virorum gesta feliciter complectentis libri duodecim. Auctoribus graecis (Theoderico, Sozomeno, Socrate). Traductore latino Epiphanio, Auspicante Cassiodoro senatore. — Folio

(Zweimal vorhanden) Libri sancti viri **Effrem** Edissenae ecclesiae 323 diaconi de compunctione cordis, de indicio dei et resurrectione, de regno 465 coelorum et mundicia animae, de beatitudine animae, de poenitentia, de luctamine spiritali, de die iudicii. -- Folio

(Dreimal vorhanden) **Elegantiarum** viginti praecepta ad per- 462 pulchras conficiendas epistolas. 1497. 4° 176
96

Von der Dienstperkayt und Behütung der heiligen **Engel**. Auch 97 von Zucht und Straff der Kinder außpündig anderwelt und fruchtper Ler, Unterweysung, Exempel unnd Krafftred. Getruckt zu Augspurg von Hannsen Froschauer, 1498. 4°

Illustrium virorum **Epistolae** (Herausgegeben von Jodocus Badius 432 Ascensius). In officina Nicolai Wolf Lutriensis, 1499. Folio

Angeli Politiani **Epitecti** Stoici Enchiridion e graeco interpretatum 455 (Herausgegeben von Philippus Beroaldus). 1497. Folio

Summa astrologiae iudicialis de accidentibus mundi, quae Anglicana 130 vulgo nuncupatur, Johannis **Eshcuidi**. Venetiis opera et cura Johaunis Lucilii Santritter Helbronnensis Germani impensis Francisci Bolani, 1489. Folio

Nicolai Mariae **Estensis** episcopi Hadriensis Oratio pro consan- 462 guineo suo inclyto Hercule Estensi Ferrariae duce secundo, in publico consistorio habita ad Alexandrum VI. Pont. Max. — Romae per Steffanum Planck Julio Campello Spoletino procurante, 1493. 4°

Praeclarissimum opus elementorum **Euclidis** in artem geometriae. 466 In id quoque Campani commentationes. Erhardus Ratdolt Augustensis, Venetiis, 1482. Folio

Geometria **Euclidis** a Boetio in latinum translata. Parisii per 69
Wolgangum Hopylium, 1500. 4°

Eusebius Pamphili, De evangelica praeparatione, a Georgio 394
Trapezuntio e graeco in latinum tradnctus. Leonhardus Aurl., 1473. Folio

Eusebius Pamphili, De evangelica praeparatione, a Georgio 222
Trapezuntio e graeco in latinum traductus. Venetiis, 1500. Folio

(Zweimal vorhanden) **Eusebii** Caesariensis episcopi Chronicon id 145
est temporum breviarium. Quem Hieronymus praesbiter divino eius 336
ingenio latinum facere curavit et usque in Valentem Caesarem romano
adiecit eloquio. Quem et Prosper, deinde Matheus Palmerius, qui ea
quae conscenta sunt adiicere curavere, eidem postpositi subsequuntur.
Erhardus Ratdolt Augustensis, Venetiis, 1483. 4°

(Zweimal vorhanden) Decretales **Extravagantes**, quae emana- 277
runt post Sextum. 1482. Folio 437

Decretales **Extravagantes**, quae emanarunt post Sextum (Heraus- 14
gegeben von Hieronymus Clarius Brixianus). Veuetiis per Baptistam de
Tortis, 1494. Folio

Summa Alberti de **Eyb**, quae Margarita poëtica dicitur. Per 463
Johannem Sensenschmid civem Nurmbergensem, 1472. Folio

F

Jacobi **Fabri** Stapulensis in Aristotelis octo physicos libros para- 156
phrasis. In quatuor libros de coelo et mundo. In duos libros de
generatione et corruptione. In quatuor libros meteororum. In tres libros
de anima. In librum de sensu et sensibili (sensato). In librum de memoria

et reminiscentia. In librum de somno et vigilia et de divinatione per somnia. In librum de longitudine et brevitate vitae. Dialogus in physicam introductionem. Dialogus difficilium physicalium introductorius. Sumptibus Johannis Higman, Parisii, 1492. 4°

Jacobi **Fabri** Stapulensis in sex primos metaphysicos libros 156 Aristotelis introductio (Non parvi momenti erit ad eam metaphysicorum traductionem, quam nobis hoc tempore Bessarion Car. Nicaenus paravit). — In introductionem metaphysicorum Aristotelis commentarii. Impressum in alma Parisiorum academia Judoco Clichthove Neoportuensi castigatore sedulo, 1493. 4°

Jacobi **Fabri** Stapulensis Ars moralis in Magna moralia Aristotelis 156 introductoria. — 4°

(Zweimal vorhanden) Jordani Nemorarii Elementa arithmetica cum 70 demonstrationibus Jacobi **Fabri** Stapulensis. — Jacobi Fabri Stapulensis 71 Elementa musicalia. Jacobi Fabri Stapulensis Epitome in duos libros arithmeticos Severini Boecii. — Rithmimachiae ludus, qui et pugna numerorum appellatur. Parhisii, Joannis Higmani et Volgangi Hopilii gravissimis laboribus et impensis, David Lauxius Brytannus Edinburgensis ubique ex archetypo diligens operis recognitor, 1496. Folio

(Zweimal vorhanden) Chronica, quae dicitur **Fasciculus** temporum, 235 edita per quendam Carthusiensem. Nunc secundo emendata cum quibusdam 267 additionibus usque ad haec nostra tempora. Venetiis, Erhardus Ratdolt de Augusta, 1480 et 1484. Folio

Fasciculus temporum (Handschriftlich weitergeführt von 1485 126 bis 1525). — Folio

(Zweimal vorhanden) Lucii **Fenestellae** De Romanorum magistra- 335 tibus liber. — 4° 27

Perutilia consilia ad diversas aegritudines Johannis Mathaei de 273 **Ferariis** de Gradi Mediolanensis in medicinis decenti ordine compillata et ab eius originali copia fideliter extracta. Diligentissime emendata per Lazarum Datarum Placentinum. Per Julianum de Zerbo in Papia, 1482. Folio

Festus Pompeius (Auszug aus dem Werke „De verborum significatu" von Verrius Flaccus). Venetiis per Bernardinum de Cremona et Simonem de Luero, 1490. Folio 310

(In drei Exemplaren vorhanden, davon eines mit prachtvollen Initialen) Libri theologiae de immortalitate animorum Marsilii **Ficini** Florentini (Platonica theologia de immortalitate animorum). Impressum Florentiae per Antonium Miscominum, 1482. Folio 209 322 471

Marsilii **Ficini** Florentini De vita. Antonius Mischominus, Florentiae, 1489. Folio 322

Dionysii Areopagitae Oratio de trinitate interprete Marsilio **Ficino** Florentino. Liber de divinis nominibus interprete Marsilio Ficino. Florentine per Laurentium Francisci Venetum. — 4° 470

Epistolae familiares Marsilii **Ficini** Florentini. Per Antonium Koberger, 1497. 4° 198

Julius **Firmicus Maternus** junior, De nativitatibus (Mathescos institutionis libri septem). Venetiis per Symonem Papiensem dictum Bivilaqua, 1497. Folio 104

(Dreimal vorhanden; ein Exemplar mit Goldinitialen und Randmalerei) Julii **Firmici Materni** Junioris Siculi Astronomicorum libri octo integri, emendati, ex Scythicis oris ad nos nuper allati (Herausgegeben von Pescennius Franciscus Niger Venetus). Venetiis in aedibus Aldi Manutii Romani, 1499. Folio 86 87 467

Lucii **Flori** Gestorum Romanorum epithomatis libri quatuor (Herausgegeben von Philippus Broaldus Bononiensis, wieder durchgesehen von Marcus Antonius Sabellicus). Antonius Morettus. — Folio 295

Lucii **Flori** Gestorum Romanorum epithomatis libri quatuor (Herausgegeben von Philippus Broaldus Bononicnsis, wieder durchgesehen von Marcus Antonius Sabellicus). Bernardinus Rasinius Novocomensis. — Folio 137

Clarissimi hystorici Lucii **Flori** Gestorum Romanorum epithomata 468
(Herausgegeben von Jacobus Barynus). Martinus Herbipolensis, 1494. Folio

Fons theologiae et quatuor librorum Sententiarum, Johannes de 353
Fonte. 1479. Folio

Subtile et fidele Scriptum Jacobi **Forliviensis** (de Forlivio) super 495
tres libros Tegni Galieni. Subtilissimae et ordinatissimae quaestiones in
tres libros Tegni Galieni. Correxit Petrus Rocobonella (Rochobonellus)
Venetus. Johannes Herbort. — Folio

(Expositio Jacobi de **Forlivio** cum additionibus Marsilii de sancta 125
Sophya super Aphorismos Hyppocratis et quaestiones eorundem) Expositio
et quaestiones Jacobi Forliviensis super quinque particulis Afforismorum
Hypocratis et Marsilii super tertia et septima. Quod opus correctum
fuit atque emendatum per Hieronymum Surianum Venetum. Venetiis per
Bonetum de Locatellis de Bergomo, impensa Octaviani Scoti civis
Modoetiensis, 1495.. Folio

(Das Titelblatt fehlt) **Formulae** (epistolarum). Raroli, 1490. 4° 52

Formulare und tütsch Rethorica, haltende die tritten Stat der 35
siben fryen Künsten, daruß ze lernen ist, wie man tützsch Missiven,
das sint Sendtbrieff ordenlich yeglichem noch synem Stat und Würden
setzen solt. 1486. 4°

(Mit Goldinitialen) **Fortalicium** fidei conscriptum per quendam 427
doctorem eximium ordinis minorum anno 1459 in partibus occidentis.
Nurembergk, impensis Anthonii Koberger, 1485. Folio

Consulti Chirii **Fortunatiani** artis rhetoricae scolicae libri. — 4° 150

Statuta provincialia (Beschlossen in dem Provincialconcil, welches 469
unter dem Vorsitze des Erzbischofs **Friedrich** von Salzburg im Jahre 1490
zu Mühldorf abgehalten wurde). Augustae per Erhardum Ratdolt, 1491. Folio

Sexti Julii **Frontini** Strategematicon. Romae per Eucharium Silber 49
alias Franck, 1494. 4°

Enarrationes allegoricae fabularum **Fulgentii** Placiadis (Mythologiae). Joannis Baptistae Pii Bononiensis commentarius in Fulgentium. — Vocum antiquarum cum testimonio. Mediolani per Uldericum Scinzenzeler, 1498. Folio 433

G

(Zwei Exemplare, davon eines in zwei Bänden mit Goldinitialen 10
und prachtvoller Miniaturmalerei, das andere Exemplar in einem Bande 275
ohne diese Ausstattung) **Galieni** Pergamensis medicorum omnium 84
principis Opera (Herausgegeben von Diomedes Bonardus). Venetiis
per Philippum Pintium de Caneto, 1490. Folio

Expositio Disticii seu Cornuti novi nec non antiqui magistri Joannis 176
de **Garlandria** cum sententiis textuum ac lucida terminorum declaratione
ex quam pluribus autoribus breviter et plane collectis. Imperiali in oppido
Hagenau per Heinricum Gran, 1489. 4°

Exempla exordiorum edita a **Gasparino** Bergomensi (Exordiorum 179
Gasparini tractatulus). Paduae, 1488. 4°

(Zweimal vorhanden) Antonius **Gazius** Patavinus, De conservatione 85
sanitatis (Corona florida medicinae). Venetiis per Johannem de Forlivio 349
et Gregorium fratres, 1491. Folio

Von dem **Gebet** ein außerlesen edels und außerweltz Büchlen 97
unnd zu lesen und zu hören fast nutzlich. Ein kurtz Gebet grosser
Genaden und Vergebung der Sunden. Ein Segen, den Got selber gemacht
hat. Getruckt in Augspurg von Hannsen Froschauer, 1499. 4°

Johannes **Geiler von Keyserssperg,** Predig. 1489. 4° 97

Auli **Gelii** Noctium Atticarum commentarii. Brixiae per Boninum 213 de Bouinis de Ragusa, correctore Marco Scaramucino de Palatiolo, 1485. Folio

Expositio **Gentilis** de Fulginatis (de Fulgineo) in primam fen 76 quarti Canonis Avicennae. — De maioritate morbi quaestio. 1477. Folio

Reformatio iudicii decanatus ecclesiae Bambergensis per reverendis- 406 simum in Christo patrem dominum **Georgium** episcopum Bambergensem facta et ordinata. — Folio

Georg Hertzog tzu Sachsen, Lantgrave in Duringen und Marg- 476 grave tzu Meissen; Ordenung der Bergkwergk umb die neuwen Stat am Schreckenberge gelegen. — Folio

Johannis **Gerson** Cancellarii Parisiensis De contemptu mundi 96 devotum et utile opusculum.*) — De meditatione cordis. Per Diouysium et Peregrinum cius socium Bononienses, 1485. 4°

Johannis **Gerson** Cancellarii Parisiensis De contemptu mundi 481 devotum et utile opusculum. — Tractatus de meditatione cordis. Augustae arte et impensis Erhardi Ratdolt, 1488. 4°

Johannes **Gerson**, Cancellarius Parisiensis. De contemtu omnium 7 vanitatum mundi. De meditatione cordis. Impressum Florentiae per Johannem Petri de Maganza, 1497. 8°

(Zwei Exemplare, davon eines vier, das andere drei Bände um- 240 fassend; in jedem Bande mit Ausnahme eines Baudes, derselbe Holz- 241 schnitt, einen Wanderer darstellend) Opera Cancellarii Parisiensis 242 doctoris christianissimi Johannis de **Gerson**. Prima pars complectitur 480 tractatus fidem et potestatem ecclesiasticam concernentes. Quibus 477 omnibus praemissus est tractatus de laude scriptorum, quod is ad com- 478 mendationem omnium, qui libris multiplicandis student, accommodari 479 potest. — Secunda pars, in qua locata sunt praecipue opuscula ad mores accommodata. — Tertia pars continens tractatus ad mysticam vitam seu contemplationi accommodatos. — Inventarium eorum, quae in operibus Gersonis continentur. 1488 et 1494. Folio

*) Quem libellum constat a quodam Thoma canonico regulari editum esse (Vorwort zu Gersons Werken).

(Expositio misteriorum missae et verus modus rite celebrandi) 92
Tractatus de expositione missae, editus a fratre Guilhelmo de **Gonda**.
Circa summum cuilibet sacerdoti summe necessarius. Coloniae. — 4°

(Lilium medicinarum) Liber Lilii super practica medicinali editus 493
per magistrum Bernardum de **Gordonio**. In alma civitate Neapoli per
Franciscum de Tuppo Parthenopeum, 1480. Folio

Rudimenta **Grammaticae** ad pueros de Remigio, Donato Alexan- 214
droque studiosissime lecta. — 4°

Regulae **grammaticales**, regimina, constructiones unaque dictionum 214
ordo pro iuvenum utilitate informationeque fructifera, iampridem et editae
haud minuta lucubratione et diligentissime correctae. — 4°

Summario de la luna, Bernardo de **Granolachs**. Stampato in 250
Venetia per Jo. Baptista Sessa, 1499. 4°

Francisci Marii **Grapaldi** Parmensis De partibus aedium dictionarius 144
longe lepidissimus nec minus fructuosus. — 4°

Dyalogi sancti **Gregorii** Papae I. de viris sanctis et miraculis, 30
quae fuerunt facta temporibus suis. Venetiis per Hieronymum de
Paganinis Brixiensem, 1492. 4°

Liber pastoralis sancti **Gregorii** Papae I., quem ad Joannem 30
Ravennae archiepiscopum conscripsit et magnus Auastasius postea de
latino in graecum transtulit. Venetiis per Hieronymum de Paganinis
Brixiensem, 1492. 4°

Homeliae beati **Gregorii** Papae I. Venetiis per Peregrinum de 30
Pasqualibus, 1493. 4°

Argumenta singulis decretalibus (**Gregorii IX.**) addita beneficio 369
Hieronymi Clarii Brixiensis archipresbyteri Bidizolani Riperiae Brixianae
Benaci lacus, ex decretalibus suis sic diligenter annotatis, cum adhuc
esset Bononiae scholaris divo Barbacia praeceptore. Venetiis per Baptistam
de Tortis, 1489. Folio

Opus decretalium (**Gregorii IX.**) cum summariis additis singulis 23
decretalibus. Impressum Venetiis ductu impensisque Johannis Hammani
de Landoia, 1491. Folio

(Decretales cum summariis suis et textuum divisionibus ac etiam 474
rubricarum continuationibus) Decretalium **Gregoriana** compilatio cum
apparatu domini Bernardi, illustrata lucubrationibus Hiero. Clarii Brix.
cum quibusdam additamentis suis praeter emendationem. Res certe nova
tam pro summulis additis singulis decretalibus cum earum divisionibus
ac continuationibus rubricarum quam etiam casibus praesertim difficilio-
ribus, sine quibus quamplures decretales intelligi non possunt. Per
Antonium Koberger, Nurembergae, 1493. Folio

(Zweimal vorhanden) Decretalium **Gregoriana** compilatio. Illustrata 370
lucubrationibus Hieronymi Clarii Brix. cum quibusdam additamentis 371
suis praeter emendationem. Aureis impressionibus Venetiis Baptistae de
Tortis tricentis et bis mille exemplaribus (Decretales cum summariis
suis et textuum divisionibus ac etiam rubricarum continuationibus).
Venetiis per Baptistam de Tortis, 1498. Folio

(Quadragesimale Gritsch de tempore et de sanctis) Quadragesimale 121
fratris Johannis **Gritsch** per totum anni spatium deserviens cum thematum
evangeliorum et epistolarum introductionibus. 1490. Folio

Ars diphthongandi **Guarini** Veronensis. Compendiosus dialogus 135
de arte punctandi. Tractatus utilis de accentu. Breviloquus vocabularius
triplici alphabeto diversis ex autoribus necnon corpore utriusque iuris
collectus ad latinum sermonem capessendum utilissimus. Basileae, 1482
Folio

Guarinus Veronensis, Vocabularius breviloquus triplici alphabeto 136
diversis ex autoribus necnon corpore utriusque iuris collectus ad latinum
sermonem capessendum utilissimus. Cum arte diphthongandi, punctandi
et accentuandi. Argentinae. 1489. Folio

Guarinus Veronensis. De brevibus clarorum hominum inter se 168
contentionibus a Plutarcho collectis nuper in latinum conversis. Brixiae
per Boninum de Boninis de Ragusa, 1485. 4°

Batista **Guarinus**, De ordine docendi ac studendi. — 4° 144

Tractatus de febribus editus per Anthonium **Guaynerium** 63
(Guernerium). — Tractatus de matricibus (de propriis mulierum aegritudinibus). 1474. 4°

Antonius de **Guaneriis** de Papia, De peste et de venenis. — Folio 101

Historia Troiana Guidonis (Historia destructionis Troiae composita 126
per indicem **Guidonem** de Columna Massanen.). Argentinae, 1494. Folio

Postilla **Guillermi** super epistolas et evangelia do tempore et 208
sanctis et pro defunctis. Argentinae, 1490. Folio

(Dasselbe Buch) Postilla **Guillerini** super epistolis Pauli et 29
evangeliis dominicalibus una cum de sanctis secundum sensum litteralem
collecta. In Nurenbergk civitate imperiali per Anthonium Koberger, 1493. 4°

(Zweimal vorhanden) Rethorica divina sive Ars oratoria eloquentiae 323
divinae edita per **Guilermum** Parisiensem. — Folio 472

H

(Collectarius sive Expositio libri psalmorum) Expositio super librum 234
psalmorum regii prophetae per Petrum de **Harentals** ex diversis
sanctorum codicibus industriose collecta. Per Johannem Koelhoff Coloniae
civem, 1487. Folio

Prima pars Sermonum dominicalium super epistolas Pauli et con- 230
sequenter per circulum anni Thomae de **Haselbach** in Austria. 1478.
Folio

Ordinatio et declaratio reformationis indicii ecclesiae Bambergensis 406
per reverendissimum in Christo patrem et dominum **Heinricum** episcopum
Bambergensem facta. — Folio

(Mit colorierten Abbildungen) **Herbarius** zu tentsch unnd von 342
allerhandt Kreuteren (Ortus sanitatis, Garten der Gesundtheyt). Gedruckt
durch Hannsen Schönsperger in Augspurg, 1496. 4°

Liber aphorismorum centum (Centiloqnium) **Hermetis**. — Liber 106
Hermetis capitis omnium philosophorum de iudiciis et significatioue
stellarum beibeuiarum in nativitatibus (de fortitudine stellarum, quae
beibeniae dicuutur). Venctiis per Bonetum Locatellum impensis Octaviani
Scoti civis Modoetiensis, 1493. Folio

Centiloquium **Hermetis**. Parisii, 1494. 4° 156

Sermones Discipuli de tempore et de sanctis una cum promptuario 224
exemplorum (Opus perutile simplicibus curam animarum gerentibus per
Johannem **Herolt** de tempore et de sanctis cum promptuario exemplorum atque tabulis suis collectum, Discipulus nuncupatum). Nurnbergae,
1494. Folio

Speculum Aureum fratris Heinrici **Herp** de praeceptis divinae 169
legis pro instructione praedicatorum et confessorum aliorumque christi-
fidelium sub forma sermonum diligentissimo studio compositum. In urbe
Basilea per Johannem Froben de Hammelburg, 1496. 4°

Hieronymus, Vitae sanctorum patrum. — Folio 117

Liber Vitaspatrum sancti **Hieronimi** cardinalis presbiteri. Impressus 246
per Johannem Zainer in opido Ulm, 1482. Folio

(Zweimal vorhanden) Sancti **Hieronimi** cardinalis presbiteri libri 340
Vitaspatrum sanctorum Aegiptiorum, etiam eorum qui in Scithia Thebaida 341
atque Mesopotamia morati sunt, non solum quos oculis vidit maximoque
labore conspexit, verum et quam plura a fide dignis relata conscripsit
notabili diligentia. Denique aliorum etiam autenticorum libellos fideliter
in latinum transtulit et ab aliis translata pro sui perfectione huic operi
inseruit (Opus, Vitaspatrum appellatum, insigne a quam plurimis ex-
cerptum codicibus, per sacrarum scripturarum viros admodum peritissimos
ornatum in oppido Nurubergen. per Anthonium Koburger oppidi praefati
incolam quam conipte impressum). 1483. Folio

(Prachtausgabe) Elegantissimae divi **Hieronymi** epistolae (Secundi 484
voluminis epistolae redactae in certum ordinem ac distinctae secundum
materias per Theodorum Lelium auditorem apostolicum). Antonius
Bartolomei, Venetiis, 1476. Folio

(Mit prachtvollem Anfangsbuchstaben) Divi **Hieronymi** epistolae 485
(secundum volumen) redactae in certum ordinem ac distinctae secundum
materias per Theodorum Lelium auditorem apostolicum. — Folio

(Mit einem Bilde des heiligen Hieronymus) Epistolae sancti 247
Hieronymi. Basileae, Nicolaus Kesler, 1497. Folio

(Mit Holzschnitten) Elegantissimum de passione domini opusculum 161
heroico ac pene Virgiliano conscriptum carmine (Jesnida Hieronimi
Paduani). — 4°

(Mit einem Holzschnitt) Das Buch genannt die **Himelstraß**. 37
Augspurg, Anthonius Sorg, 1484. Folio

Hippocratis libellus de medicorum astrologia a Petro de Abbano 48
in latinum tradnctus. Erhardus Ratdolt de Augusta, 1485. 4°

(Mit Holzschnitten) **Historia** septem sapientum Romae. Johannes 96
Koelhof de Lubeck Coloniae civis. 1490. 4°

Historia de spiritu quodam coniurato per priorem fratrum 96
praedicatorum. — 4°

Opus praeclarissimum eximii domini magistri Roperti **Holkot**, 36
sacrae theologiae moralissimi ac doctissimi professoris ordinis fratrum
praedicatorum super sapientiam Salomonis, quam philosophus disertissimus
collegit. Continens postillam accurate ac summa enucliatione elaboratam.
Cum singularibus quaestionibus ad omnem materiam tam scolasticam
atque disputabilem quam ad populum praedicabilem utilissimis. Atque
solemnes non modo divinarum litterarum verum et philosophorum atque
famosorum poetarum ad easdem materias congruenter applicatas allegationes. Per Petrum Drach civem Spireu., 1483. Folio

Praeceptorium novum et perutile collectum per Goschalcum (Got- 421
scalcum) **Hollen**. Impressum per Johannem Guldenschaeff civem Colon.,
1481. Folio

Praeceptorium novum et perutile Gotschalci **Hollen**. Impensis 100
Anthonii Koburgers in imperiali civitate Nurenberg, 1497. 4°

Horatii Flacci lyrici poetae Opera (Herausgegeben von Jo. 133
Franciscus Philomusus Pisaureu.). Georgius Arrivabene Mantuanus,
Venetiis, 1490. Folio

(Mit Holzschnitten, die zum Theil coloriert sind) **Horatii** Flacci 482
Venusini poetae lirici Opera cum quibusdam annotationibus imaginibusque
pulcherrimis aptisque ad odarum concentus et sententias (Herausgegeben
von Jacobus Locher Philomusus). Argentinae opera et impensis Johannis
Reinhardi cognomento Gürninger, 1498, Folio

(Nova Summae **Hostiensis** emendatio) Summa Hostiensis super 381
titulis decretalium compilata, additis in aliquibus locis quibusdam aliis
rubricellis (Herausgegeben von Petrus Albignanus Tretius). Venetiis
impensis Joannis Furliviensi Gregoriique fratrum, 1487. Folio

Postilla fratris **Hugonis** cardinalis super quatuor evangelistas. 332
Basileae per Bernhardum Richel, 1482. Folio

Sex libri Didascalicon **Hugonis** de sancto Victore (De modo 438
studendi et ordine legendi). 1480. 4°

Hugo de sancto Victore, De sacramentis ad secundam eruditionem 243
sacri eloquii, quod est fundamentum scientiae. Argentinae, 1485. Folio

Antropologium de hominis dignitate, natura et proprietatibus; de 54
elementis, partibus et membris humani corporis; de iuvamentis, nocumentis, accidentibus, vitiis, remediis et physionomia ipsorum. De excrementis et exeuntibus. De spiritu humano eiusque natura, partibus et
operibus. De anima humana et ipsius appendiciis. Per Magnum **Hundt**.
Liptzick per Wolfgangum Steckel Monacensem. 1500. 4°

Introductorium (a Magno **Hundt** editum) in universalem Aristotelis 54
phisicen, Parvulus philosophiae naturalis vulgariter appellatum. Cum
propria, non extranea declaratione. Studiosis scholaribus apprime necessarium. In oppido Liptzensi, Wolfgangus Steckel de Monaco, 1500. 4°

(Mit schönen Initialen, Randmalerei und colorierten Bildnissen; 483
zusammengestellt von Johannes de Thurocz) Chronica **Hungarorum**
(Illustrissimorum Hungariae regum chronica). In inclita terrae Moraviae
civitate Brunensi, 1488. Folio

Expositio **Hymnorum** perutilis omnibusque salubris. — 4° 96

I

(Mit Abbildungen) **Iginii** Poeticon astronomicon (Herausgegeben 249
von Jacobus Sentinus Ricinensis und Johannes Santritter). Erhardus
Ratdolt Augustensis, Venetiis, 1482. 4°

Utilis et praeclara repetitio c. Cum contingat de iureiurando per 276
Joannem de **Imola**. Impressa Venetiis per Philippum Pinzi, 1496. Folio

Repetitio c. Finn. extra de praescriptionibus per Joannem de 276
Imola. — Repetitio c. Tunc fraternitatis extra de sponsalibus. Antea
mendosa et in multis defectiva, nunc diligentissime correcta et impressa
per Bernardinum Beunlium, 1496. Folio

(Apparatus quinque librorum Decretalium **Innocentii** Papae Quarti 367
compositus et publicatus in civitate Ludunen.) Apparatus Innocencii
Papae Quarti super quinque libris Decretalium. Emendatus per Andream
Hartmanni de Eppingen. In inclita Argentina civitate impressus, 1478.
Folio

Apparatus Decretalium **Innocentii** Papae Quarti (Verbesserte Aus- 368
gabe, besorgt von Franciscus Monelicnsis de Genua). Impensa carac-
tereque iucundissimo Johannis de Colonia, Nicolai Jenson sociorumque;
curam ac diligentiam adhibuit Johannes Herbort de Selgenstat Alemanus;
Venetiis, 1481. Folio

Innocentius VIII. Mandatum apostolicum et maledictio adversus 27
Brugen. et Flammingos propter detentionem et inclusionem Maximiliani
regis Romanorum. Romae anno 1487 decimo Kaleud. Aprilis. —   4°

J

Liber **Jacobi** de Voragine de vitis sanctorum (Perutile opus 496
Jacobi de Voragine de legendis sanctorum). Venetiis per Christoforum
Arnoldum, 1478. Folio

Jacobus de Voragine. Legendae sanctorum (Longobardica historia), 235
quas collegit in unum Jacobus Januensis. Anthonius Koburger, Nurenbergae, 1481. Folio

(Legenda sanctorum, quae Lombardica nominatur) Legenda Lombardica **Jacobi** de Voragine, episcopi Januensis. Impressa in Ulm per Couradum Dincknuut, 1488. Folio 339

Jacobi de Voragine Sermones dominicales per anni circulum praedicabiles, alphabetico ordine magistraliter registrati, sicut clare patet inspicienti. — Opus sermonum de sanctis per anni circulum. 1484. Folio 47

Expositio super libro de substantia orbis Johannis de **Jandano**. — Quaestiones singulares super libro de substantia orbis. Impensa Antonii de Strata de Cremona impressae Venetiis, 1481. Folio 140

(Zweimal vorhanden) Clavis sanationis elaborata per Simonem **Januensem**. Venetiis per Guielmum de Tridino ex Monteferato, 1486. Folio 337 338

De vita et beneficiis salvatoris **Jesu Cristi** devotissimae meditationes cum gratiarum actione. — 8° 7

(Mit einem Holzschnitt) Mayster **Jörg** von Nürnberg yetz unsers hailigen Vaters des Babst Büschsennmayster. Antzeygung kurtzlichen und Volfurung den Ursprung deß Thurckyschen unnd hundtyschen Volcks und deß gewaltyger unnd pöslicher Zunemung mitsampt der grossen und schödlychen Verderblikeyt, die sic byßher wider das christglaublich Volck haben begangen. 1500. 4° 66

Summa **Johannis**, die gezogen ist auß dem heyligen Decretbuch unnd von latein in teutsch gemacht durch ein hochgelerten Man Bruder Berchtold Predigerordens. Uund die hat getruckt Johannes Bämler in Angspurg, 1478. Folio 328

Johannes Carthusiensis ordinis. Nosce te. Corona senum. De immensa charitate dei. De humilitate interioris et patientia vera. Libellus in praeparatione infirmorum et in dispositione morientium, qui Flos vitae interpretatur. — 4° 248

Glosa Psalterii **Johannis** de Turrecremata (Expositio brevis et utilis super toto Psalterio). Argentinae, 1485. Folio 353

(Zweimal vorhanden) **Josephus Flavius**. Josephi Machaciae filii Hebraei genere sacerdotis ex Hierosolymis De bello Judaico. — De antiquitate Judaeorum contra Appionem grammaticum Alexandrinum (Herausgegeben von Ludovicus Cendrata Veronensis). In inclyta civitate Veronae per Petrum Manfer Gallicum, 1480. Folio 452 453

Tractatulus perutilis de pestilentia ex diversis auctoribus aggregatus 56
ab Ambrosio Jung. Augustae per Johannem Schönsperger, 1494. 4°

Vocabularius iuris utriusque. Impressus in civitate Basilien., 1483. 297
Folio

Vocabularius iuris. Argentinae, 1486. Folio 415

Liber plurimorum tractatuum iuris. Processus iudiciarius eximii 293
doctoris iuris canonici Johannis de Urbach. Tractatus praesumptionum.
Summa magistri Dominici de civitate Wiseutina, qualiter notarii archiepiscoporum et episcoporum debeant notariae officium exercere. Tractatus
notariatus. Processus iudicii. Introductio procurationis Defensorium iuris.
Tractatus exceptionum Innocentii Quarti. Tractatus praescriptionum
compositus per Dynum de Mugilo. Tractatus brevis Petri Jacobi de
arbitris et arbitratoribus. Differentiae legum et canonum domini Galvani
de Bouonia. Tractatus de tabellionibus per Bar. compilatus. Impressus
Argentinae, 1483. Folio

(Ohne Titel) Jus curiae Romanae (Kirchenrechtsnormen in alpha- 493
betischer Ordnung). 1479. Folio

Justinianus. Institutionum opus magna cura atque diligentia 491
emendatum ac charectere iucundissimo impressum Mediolani per Johannem
Antonium de Honate impensis Petri Antonii de Castelliono et Ambro.
de Caymis Mediolanensium, 1482. Folio

Justinianus. Institutionum opus magna cura ac diligentia emen- 490
datum ac caractere iucundissimo impressum Venetiis ingenio ac impensa
Andreae de Soccis Parmensis, 1484. Folio

Justinianus. (Instituta Bernardini de Tridino de Monteferrato. 489
Noviter cum summa ac diligenti correctione impressa) Institutionum opus
praeclarum solerti cura emendatum operaque ac impensa Bernardini
de Tridino de Monteferrato Venetiis impressum, 1494. Folio

Justinianus. Instituta de Tortis. Venetiis per Baptistam de Tortis, 488
1495. Folio

Justinianus. Digestum vetus magna cura atque diligentia emen- 386
datum ac impressum. Mediolani per Johannem Antoninum de Honate
Mediolanensem, 1484. . Folio

Justinianus. Digestum vetus de Tortis (Herausgegeben von Hieronymus Clarius Brixianus). Venetiis per Baptistam de Tortis, 1494. Folio — 17

Justinianus. Infortiatum pulcherioribus litterarum carccteribus insigniorique ipsius artis ingenio impressum ac per eximios doctores enucleatius castigatum emendatumque per Johaunem Antonium de Honate impensis Petri Antonii de Castelliono et Ambrosii de Caymis, Mediolani, 1482. Folio — 385

Justinianus. Infortiatum de Tortis. Venetiis per Baptistam de Tortis. 1495. Folio — 16

Justinianus. Digestum novum (Herausgegeben von Matthäus Barlasina). Magna cura atque diligentia emendatum ac impressum Mediolani per Johannem Antonium de Honate impensis Petri Antonii de Castelliono et Ambrosii de Caymis Mediolanensium, 1482. Folio — 492

Codicis opus **Justiniani** principis sacratissimi magna cura atque diligentia emendatum ac charactere iucundissimo impressum Mediolani per Johannem Antonium de Honate impensis Petri Antonii de Castelliono et Ambroxii de Caymis Mediolanensium, 1483. Folio — 383

(Codex de Tortis) Codicis **Justiniani** iuris enucleati ex omni veteri iure collecti repetitae praelectionis libri novem. Venetiis per Baptistam de Tortis, 1495. Folio — 387

Justinianus. Volumen iuris civilis perfectius ac enucleatius castigatum. Una cum apparatu feudorum nec non una cum apparatu Bartholi super Extravaganti Ad reprimendam cum libro quoque de pace Constantiae simulque cum comentu Baldi super ipsa pace. Mediolani per Johannem Antonium de Honate impensis Petri Antonii de Castelliono et Ambrosii de Caymis Mediolanensium, 1482. Folio — 491

(Des gleichen Inhalts wie das vorangehende Buch) **Justinianus.** Volumen noviter impressum additis tractatibus Extravagantium Ad reprimendum et pacis Constantiae enucleacius illustatum (Liber constitutionum novellarum autenticorum. Codicis domini Justiniani sacratissimi imperatoris repetitae praelectionis liber decimus, undecimus et duodecimus. Consuetudines feudorum. Liber de pace Constantine composita inter imperatorem Fredericum et filium eius Henricum et quosdam nobiles Alamaniae ex una parte et civitates Lombardiae, Marchiae et Romandiolae. Cum comento Baldi de Ubaldis de Perusio. Extravagantes cum apparatu sive glosis domini Bartholi, quas simul li. XI. collationem appellant). — Folio — 488

Bernardi **Justiniani** Leonardi oratoris filii Legati Veneti oratio 168
habita apud Sixtum IV. Pontificem Maximum. — 4°

Justini historici in Trogi Pompeii historias libri quadraginta 325
quatuor. Per Philippum condam Petri, Venetiis, 1479. Folio

Justini historici clarissimi epithomatum in Trogi Pompeii historias 295
libri quadraginta quatuor (Herausgegeben von Marcus Antonius Sabellicus).
Antonius Morettus. — Folio

Justini historici clarissimi epithomatum in Trogi Pompeii historias 137
libri quadraginta quatuor (Herausgegeben von Marcus Antonius Sabellicus).
Bernardinus Rasinius Novocomensis. — Folio

Junii **Juvenalis** Arpinatis Satyrarum libri quatuor. Antonius 457
Zarothus Parmensis, Mediolani, 1474. Folio

Juvenalis Satyrae cum tribus commentis (Antonii Maucinelli 487
Veliterni, Domitii Calderini Veronensis, Georgii Vallae Placentini). —
Domitii Calderini Veronensis defensio adversus Brotheum grammaticum
commentariorum Martialis calumniatorem cum recriminatione retaxationis
Plinianae, in qua Brotheus ducentis et septuaginta quinque locis praestantissimum
scriptorem depravavit. Nurnbergae per Antonium Koberger,
1497. Folio

Juvenci Hispani presbiteri Quattuor evangelia Christi hexametris 161
versibus transferentis (Juvencus presbiter immensam evangelicae legis
maiestatem heroicis versibus concludens). — 4°

K

Die guldin Bull Keyser **Karls** des vierden und die Reformacion 344
Keyser Fridrichs des dritten in küngklichen Wirden zu Franckfurt
gemacht. Wie das Reich in teutsche Lant kummen sey. — Folio

Die guldin Bull Keyser **Karls** des vierden. — Folio 216

(Mit Abbildungen) Fasciculus medicinae, in quo continentur videlicet: Primo indicia urinarum cum suis accidentiis. Secundo tractatus de flobotomia. Tertio de cyrogia. Quarto de matrice mulierum et impraegnatione. Quinto concilia utilissima contra epidimiam. Sexto de anothomia Mundini totius corporis humani. Et quam plura alia, quae hic non explauantur, in titulo habentur in hiis opusculis, ut manifestetur legenti (Fasciculus medicinae compositus per Joannem de **Ketham** Alamanum, tractans de anothomia et diversis infirmitatibus et corporis humani, cui annectuntur multi alii tractatus per diversos excellentissimos doctores compositi. Nec non anothomia Mundini). Venetiis per Joannem et Gregorium de Gregoriis fratres, 1495. Folio 399

Passio Christi cum quattuor evangelistis per Petrum **Kyerslach** collecta (Sermo doctoralis summe devotus ac fructuosus in die parasceves de passione domini cum quattuor evangelistarum concordantia). Cum tractatulo beati Bernardi de planctu Mariae. 1487. 4° 92

DIE INCUNABELN IN DER FIDEICOMMISS-BIBLIOTHEK DES FÜRSTEN DIETRICHSTEIN AUF SCHLOSS NIKOLSBURG.

Nr. 3.

Ausgegeben im März 1906.

Lactantii Firmiani De divinis institutionibus adversus gentes. 228
Liber de ira dei. De opificio dei vel formatione hominis. — Lactantii Firmiani errata, quibus ipse deceptus est, per fratrem Antonium Raudensem theologum collecta et exarata sunt. His carminibus frater Adam Genuensis increpat fratrem Anthonium. — De resurrectionis dominicae die. In venerabili monasterio Sublacensi, 1465. Folio

Lactantii Firmiani De divinis institutionibus adversus gentes. 281
Liber de ira dei. De opificio dei vel formatione hominis. — Lactantii Firmiani errata, quibus ipse deceptus est, per fratrem Antonium Randensem theologum collecta et exarata sunt. His carminibus frater Adam Geunensis increpat fratrem Anthonium. — Lactantii Firmiani de phoenice carmen. De resurrectionis dominicae die. Tractatus in Nephythomon. Venetiis impendio Johannis de Colonia Johannisque Manthen de Gheretzem sociorum, 1478. Folio

(Repetitiones aliquot egregiae **Lanfranci** d'Oriano de Brixia) 225
Repetitio super cap. Quoniam contra falsam. — Commentatio super Clementinam Saepe (De verborum significatione). — Cle. Dispendiosam (De iudiciis). — Super Rubrica De causa possessionis et proprietatis. — Super cap. Raynucius De testamentis et ultimis voluntatibus. — Super cap. Reynaldus De testamentis et ultimis voluntatibus. — Lex admonendi (De iureiurando). — De interpretatione statutorum. — Lex Centurio (De vulgari et pupillari substitutione). Johannes Koelhoff de Lubeck Coloniae civem, 1488. Folio

Lanfrancus. (Dasselbe wie das vorangehende Buch). Venetiis, 284
Peregrinus Bononien., 1489. Folio

Allegationes **Lapi** de Castelho. Per Johannem Reinhardi Romae 334
impressae, 1474. Folio

Resolutorium dubiorum circa celebrationem missarum occurrentium 92
per Johannem de **Lapide** ex sacrorum canonum probatorumque doctorum
sententiis diligenter collectum. Impressum Lyptzck per Arnoldum de
Colonia. — 4°

Johannis de **Lapide** De propositionibus exponibilibus cum tractatu 204
de arte solvendi importunas sophistarum argumentationes. — Folio

Sermones aurei de sanctis per totum annum **Leonardi** de Utino. 38
Impressi Venetiis per Franciscum de Hailbrun et Nicolaum de Franck-
fordia sociis, 1473. 4°

(Zweimal vorhanden) Sermones floridi de tempore **Leonardi** de 305
Utino. Impressit Johannes Trechsel Alemannus in civitate Lugdunen., 306
1496. 4°

(Auf der Innenseite des vorderen Einbanddeckels steht Folgendes 512
geschrieben. De rarissimo hoc opere sc. de Defensorio canonisationis
clarissimus Schwandnerus haec innuit: „Quum ex iis, quae sub medium
fundamenti quarti huius summarii referuntur, aperte pateat, id ab auctore
1483 compositum eodemque tempore Sixto IV. Pontifici, qui anno 1484
die 12. Aug. supremam diem obiit, oblatum fuisse, hinc praesentem
editionem aut eodem anno 1484 aut subsequenti saltem Venetiis fortasse
in publicum prodiisse non inepte licet conjicere.") **Leopold III**, der
Heilige. Hystoria sancti Lepodi. In festivitate sancti Leopoldi confessoris
non pontificis Marchionis Austriae secundum rubricam ecclesiae Pataviensis.
— (Mit einem Holzschnitt, den heiligen Leopold darstellend) Defensorium
canonisationis sancti Leopoldi (Relatio facta per Johannem Franciscum
de Pavinis*) de Padua, sacrae theologiae et iuris utriusque doctorem et
causarum sacri pallacii apostolici auditorem, sanctissimi D. N. cappel-
lanum alterum ex tribus cappellanis ad summarium faciendum de processibus huiusmodi canonizationis specialiter deputatum). — Sedente
Innocentio Octavo Pontifice Maximo, Friderico III. Imperatore suadente
ab Francisco Appellato Patavo iuriscons. atque advocato consistoriali
et pauperum equite et comite oratore habita die VII. kalend. decembris
anno salutis 1484 publico consistorio. — 4°

---

*) Vergleiche Legenda sancti Leopoldi, Seite 70, Inc. 514.

(Geänderte Ausgabe von „Historia sancti Lcpodi. In festivitate 513
sancti Leopoldi confessoris non pontificis etc." Siehe den unmittelbar
vorangehenden Buchtitel. Mit einem Holzschnitt, den heiligen Leopold
und dessen Gemahlin, die heilige Agnes, darstellend.) **Leopold III.**,
der Heilige. Hystorine*) de festo et translatione divi Leopoldi Marchionis
Austriae. (In translatione divi Leopoldi Marchionis Austriae, cuius festum
celebrabitur XV. die Februarii. — In festivitate divi Leopoldi Marchionis
Austriae, cuius festum celebratur XV. die Novembris). Viennae per
Joannem Winterburg. — 4°

Rethorica **Lescherli** pro conficiendis epistolis accomodata. Coloniae, 176
Henricus Quentell, 1497. 4°

(Zweimal vorhanden) Vita Christi sive meditationes secundum 350
seriem evangelistarum per **Leutolphum** de Saxonia compilata. Nurn- 422
bergae per Anthonium Koberger, 1495. Folio

Zacharias **Lilius** Vicentinus. Orbis breviarium fide, compendio 27
ordineque captu ac memoratu facillimum. Impressit Florentiae Antonius
Miscominus, 1493. 4°

(Zweimal vorhanden, mit zahlreichen Holzschnitten) Libri Philomusi 144
Ehingensis (Jacobi **Locher**). Panegyrici ad regem. Tragoedia de Thurcis 174
et Suldano. Dyalogus de haeresiarchis. (Panegyricus Maximiliano
Romanorum Regi dictus gratiarum actionem continens. — Laudes
Maximiliani Romanorum Regis. — Spectaculum de Thurcorum Rege et
Suldano Rege Babiloniae more tragico effigiatum in Romani Regis
honorem. — Dyalogus de quibusdam haeresiarchis et eorum sectis.
Philomusus et Zasius interlocutores). Argentinae per Johannem Grüninger,
1497. 4°

M. Annaei **Lucani** Cordubensis Pharsaliae libri decem. Venetiis, 457
Guerinus, 1477. Folio

(Zweimal vorhanden) **Lucanus** cum duobus commentis. Joannis 137
Sulpitii Verulani et Omniboni Vicentini in Lucani Pharsaliam interpretatio 405
(Wieder durchgesehen von Joannes Taperius Brixianus). Venetiis per
Simonem Bevilaquam Papiensem, 1498. Folio

---

*) Nach einer Bemerkung in dem alten Kataloge außer in Nikolsburg,
nur noch in der k. k. Hofbibliothek zu Wien und in der Stiftsbibliothek zu
Klosterneuburg vorhanden; dem letzterwähnten Exemplar soll das erste Blatt
fehlen.

Luciani philosophi graeci Dialogus de Virtute conquerente cum 455
Mercurio. A Carolo Aretino e graeco in latinum traductus (Herausgegeben von Philippus Beroaldus). 1497. Folio

T. Lucreti Cari De rerum natura. Paulus Fridenperger in Verona 395
(qui genitus est in Patavia). 1486. Folio

Ludovicus de Prussia. Trilogium animae, non solum religiosis, 98
verum etiam saecularibus praedicatoribus, confessoribus, contemplantibus
et studentibus lumen intellectus et ardorem affectus amministrans.
Nurnberg per Anthonium Koberger, 1498. 4°

M

Dicta circa summulas magistri Petri Hispani ingeniosissimi viri 264
magistri Johannis **Magistri**, sacrae theologiae baccalaurei formati ac
utriusque iuris doctoris consultissimi nec non serenissimi Francorum
regis in sua summa curia parlamenti consiliarii sapientissimi, introductoria in doctrinam doctoris subtilis. Fridericus Misch. — Folio

Epistolae Magni Turci (**Mahumetis**) a Laudino equite Hierosolimi- 497
tano editae (Herausgegeben von Johannes Maius). — 4°

Maimonides. Aphorismi Raby Moyses secundum doctrinam Galieni 60
medicorum principis. Bononiae impressum impensa Benedicti Hectoris
librarii, opera vero Platonis diligentissimi impressoris Bononiensium,
1489. 4°

Maimonides (Dasselbe). Venetiis per Johannem Hertçog de Landoia 99
Alamanum, 1500. Folio

Juniani Mali Liber de priscorum proprietate verborum. 1490. Folio 189

(Dreimal vorhanden) Marcus **Manilii** Astronomicon libri quinque 86
ad Caesarem Augustum. Venetiis cura et diligentia Aldi Manutii Romani, 87
1499. Folio 467

(Luminare Maius) Johannis Jacobi de **Manliis** de Boscho Alexan- 399
drini super descriptiones antidotarii et practicae Johanis Mesue et
aliorum illustrium medicorum clarissima interpretatio, dicta Luminare
Maius. Venetiis per Bonetum Locatellum mandato et expensis Octaviani
Scoti civis Modoetiensis, 1496. Folio

Manuale parrochialium sacerdotum. Impressum Augustae per 176
Johannem Froschauer, 1499. 4°

Privilegia sanctissimae virginis **Mariae** et praerogativae collectae 481
diligenter ex dictis et sermonibus sanctorum doctorum ad laudem dei
et devotionem legentium. — 4°

Sermones **Martini** ordinis praedicatorum de tempore et de sanctis 238
super epistolas et evangelia cum promptuario exemplorum. Argentinae,
1484. Folio

Repetitio l. filium quem habentem C. famili. hereis. per Petrum de 307
Mathesilanum de Bononia. Diligenter correcta ac revisa per Sigismundum
de Castilione Aretino. Senis per Henricum de Haerlem, 1493. Folio

Nota haec oratio „O venerantes Christi rosae" habetur in Colonia 97
supra sepulcrum beatae Ursulae, de qua refertur: quicunque eandem
quotidie in honore sacrarum virginum dixerit, easdem in fine vitae in
protectionem habebit. Haec quidam oratio hic in sequentibus divisa est
in septem partes ad modum septem horarum cum antiphonis et versiculis
et collectis convenienter appositis. **Matthaeus** ordinis praedicatorum,
Tractatus super navicular sanctae Ursulae. Alius tractatus de eadem
benedicta navicula. — 4°

Die Krönung des durchlenchtigosten Fürsten und Herrn **Maximi-** 216
lianus Erzherczog zu Oesterreych zu einem römischen Künig. So durch
die Curfürsten des heiligen römischen Reichß zu Achen volpracht und
geschehen ist. — Folio

(Mit colorierten Holzschnitten) Das Buch der Natur, das innhaltet 407
zu dem ersten von Eygenschafft und Natur des Menschen. Darnach von
der Natur und Eygenschafft des Himels, der Tier, des Gefügels, der

Krenter, der Stain und von vil anderen natürlichen Dingen. Und an
disem Buch hat ein hochgelerter Man bey fünffzehen Jaren colligiert
und gearbeyt und hat für sich genommen die hernach benannten götlich
und natürlich Lerer, Poëten und ander bewert Doctores der Erczney
als Augustinum, Ambrosium, Aristotilem, Basilium, Ysidorum, Plinium,
Galienum, Avicennam etc. und vil ander Meyster und Lerer. Auß den
und anderen hat er diez nachgeschriben Buch allenthalben zusamen
gelesen und außgezogen. Weliches Buch Meyster Cunrat von **Megenberg**
von Latein in Teutsch traußferieret und geschriben hat. Und ist gar
ein nuczliche kurczweylige Materi, dariunen ein yegklich Mensch vil
selezsamer Sachen underricht mag werden. Johannes Bämler zu Augspurg, 1478. 4°

Meyster Cunrat von **Megenberg**. Dasselbe Buch, die Holzschnitte 128
sind nicht coloriert. Augspurg, Hanns Schönsperger, 1499. 4°

Das Buch von dem Leben und Sitten der heydnischen **Meister** 51
(Das Buch der Leben der natürlichen Meister mit iren Züchten, Leren
und Sprüchen der Sitten auß iren Büchern außgezogen). Durch Anthoni
Sorgen zu Augspurg, 1490. 4°

(Mit einer Erdkarte) Pomponii **Mellae** cosmographi Geographia. 249
Prisciani quoque ex Dionysio Thessalonicensi de situ orbis interpretatio.
Erhardus Ratdolt Augustensis impressit Venetiis, 1482. 4°

Formulae epistolarum Karoli **Mennigken**. Epistolarum formulare 144
in omni genere scribendi, iuxta maiorum nostrorum doctrinam et veram
epistolandi artem. Ex epistolis familiaribus Marci Tullii Ciceronis, quem
merito eloquentiae patrem appellant, et Aeneae Sylvii poëtae laureati
extractae. Unicuique exemplorum gratia pernecessariae et quam maxime
utiles 1493. 4°

Satyrarum Juvenalis enarrationes a Georgio **Merula** Alexandrino 486
editae. — Adversus Domitii commentarios in Martialem. Ut inventu
facile sit, quotiens aliquid eorum desiderabitur, in quibus aut defecerit
aut falso senserit interpres Domitius, de epigrammatis locos velut quaedam
rerum capita operi subinnxinms. — Annotationes in orationem M. Tul.
Ciceronis pro Q. Ligario. — Argumentum epistolarum Ciceronis ad
Lentulum (De vi et ordine suffragiorum in centuriatis et curiatis comitiis,
Quid praerogativa suffragiorum. Quomodo legis promulgatio). Venetiis
per Gabrielem Petri, 1478. Folio

Georgius **Merula** Alexandrinus Statiellensis. Zwei Briefe (Bartholo- 179
maeo Chalco ducali secretario Venetiis Nonis Octobris 1480. Joanni
Jacobo Chiliino municipi suo Venetiis Idibus Decembris 1480). — 4°

Liber **Messahallach** dictus De receptione planetarum et est de 106
interrogationibus, quem transtulit Joannes Hispalensis de arabico in
latinum. — Epistola einsdem de coniunctionibus planetarum. — Liber
Messahallah in revolutionibus annorum mundi. Venetiis per Bonetum
Locatellum impensis Octaviani Scoti civis Modoetiensis, 1493. Folio

Johannes filius **Mesue**. Universa opera cum complemento et ad- 403
ditionibus Francisci de Pedemontium ac Nicolao et Servitore. Venetiis
opere et impensis Rainaldi Novimagii Teutonici, 1479. Folio

(**Mesue** cum additionibus Francisci de Pedemontium. Et additio- 349
nibus Petri de Apono. Et cum commento Dini super canones generales.
Et cum commento Christophori de Honestis super antidotarium Mesue.
Platearius super antidotarium Nicolai. Et Saladinus de componendis
medicinis) Expositio primi tractatus Mesue de consolatione medicinarum
per Mundinum de Leuciis. Sectio secunda ubi de esse et posse uniuscuiusque
medicinarum simplicium et rectificatione earum et tam de
benedictis medicinis quam de solventibus laboriose tractatum est gloriosissimi
doctoris Mesue. Cristofori Georgii de Honestis Florentini super
antidotariis Mesue clara et maxime necessaria expositio. Joannis Nazareni
filii Mesue Grabadin, quod est aggregatio et antidotarium electuariorum
et confectionum et aliarum medicinarum compositarum. Tractatulus
valde utilis de aqua ordei et de modo faciendi ptisanam ordei
secundum communem modum practicantium. Summa secunda huius
Grabadin, in qua distinguuntur medicinae appropriatae aegritudinibus
singulorum membrorum. Petri Apponi in librum Johannis Mesue additio.
Oratio ad memoriam impetrandam. Franciscus de Pedemontium et
complet secundam divisionem superius annotatam in primo de appropriatis
divi Johannis Mesue. Antidotarium Nicolai cum expositionibus
et glosis Platearii. Tractatus Quid pro quo. Sinonima. Liber Servitoris
liber XXVIII Bulchasin Benaberazerin translatus a Simone Januensi
interprete Abraam Judaeo Tortuosiensi. Saladini de Esculo Aromatariorum
compendium. Quae omnia visa et corecta fuere per Paulum
de Vareschis. Et impressa Venetiis per Pelegrinum de Pasqualibus de
Bononia. 1491. Folio

Mesue cum expositione Mondini super canones universales ac 399
etiam cum expositione Christophori de Honestis in antidotarium einsdem.
— Additiones Petri Apponi. — Additiones Francisci de Pedemontium. —
Antidotarium Nicolai cum expositione Platearii. — Tractatus quid pro
quo. — Tractatus de sinonimis. — Libellus Bulcasis sive Servitoris. —
Compendium aromatariorum Saladini. — Joannes de sancto Amando
super antidotarium Nicolai. Venetiis per Bonetum Locatellum Bergomensem
iussu et impensis Octaviani Scoti civis Modoetiensis, 1495. Folio

Titulus in libellum sancti **Methodii** martyris et episcopi Partinensis ecclesiae provinciae Graecorum continens in se revelationes divinas a sanctis angelis factas de principio mundi et eradicatione variorum regnorum atque ultimi regis Romanorum gestis et futuro triumpho in Turcos atque deliberatione Christianorum ac oppressione Sarracenorum, de restauratione ecclesiae et universali pace cum autenticis concordantiis prophetiarum deque consummatione saeculi hic annotatur (Libellus sancti Methodii martyris et episcopi Partinensis provinciae Graecorum, qui propter fidem catholicam mancipatus fuit carceribus angelo sibi revelante hunc conscripsit libellum, quem beatus Hieronymus in opusculis suis inter viros illustres et antiquissimos hystoriographos multum comendat et de hoc reperies etiam in Lira super praefatione Danielis). — 508

4°

Bartholomaeus **Metlinger**. Ein Regiment der jungen Kinder, wie man sy halten und erziechen sol von irer Gepurt biß sy zu iren Tagen kommen. Von sollicher Materi sagt Ypocras in libro afforismorum in aliquibus afforismis; Galienus primo de regimine sanitatis; Avicenna tercia fen, prima; Averrois sexto Colliget, capitulo secundo; Constantinus in Pantegini secunda parte, XIX. capitulo; Rasis in continente. Getruckt zu Angspurg von Hans Schauren, 1497. 97

4°

Quadragesimale seu Sermonarium duplicatum scilicet per Adventum et Quadragesimam de poenitentia et eius partibus. Editum a **Michaele** de Mediolano. Cura et impensis Nicholai Franckfort., Venetiis, 1487. 4° 31

(Nähere Daten fehlen) Ein päpstliches Breve betreffend die Ordens- 473
regeln der **Minoriten**. — Folio

Lectura super canone **Missae** in alma universitate Tuwigensi ordinarie lecta (Sacri canonis Missae expositio resolutissima literalis ac mistica, dissolvens simul et scolastica dubia circa eucaristiae sacrosanctae misteria viri quam praecipui magistri Gabrielis Biel sacrae theologiae licentiati peritissimi, per eundem ordinarie in alma Tuwigensi universitate lecta. Ex viri clarissimi ingenii quondam acerrimi magistri Eggelingi de Brunßwig, sacrae theologiae licentiati profundissimi vita pariter et doctrina perfulgidi lectura, in insigni metropoli Moguntina ad clerum promuneiata declarata et exposita, paucis omissis pluribus additis ac mutatis quam accuratissime comportata, teste collectore in operis sui calce). Impensis et singulari cura Johannis Otmar civis Rutlingensis, 1488. Folio 239

Modestus De re militari. Impressum Romae per Eucharium Silber alias Franck. 1494. 49

4°

Bartholomaei de **Montagnana** Medicinale opus excellentissimum 499
de omnibus aegritudinibus communibus et propriis in quinque partes
distributum. Pars prima de conservatione sanitatis continet consilia tria.
Pars secunda de aegritudinibus propriis unicuique membro a capite
usque ad pedes continet viginti et unum tractatus. Pars tertia de aegritudinibus toti comnunibus (de passionibus? comunibus nulli membro
appropriatis et porro de eis quae non sunt febres, de passionibus
cutaneis, de apostematibus et pustulis). Pars quarta de balneis. Pars
quinta de regulis componendi dosandi et administrandi medicinas una
cum antidotario (Herausgegeben von Jacobus de Vitalibus Brixiensis).
Arte et ingenio M. P. Maufer Normani Rothomagens. civis, 1476. Folio

(Mammaetractus) Liber fratris **Marachismi**, quem ad instantiam 229
quorundam devotorum sacrae paginae studio et maxime canonis bibliae
vacantium studiosissime contexuit, utique perutilis viris ecclesiasticis,
intellectum et divinae sapientiae gustum non in cortice sed nucleo per-
quirentibus ac prout hemoni necesse est, difficilium terminorum significationes, quantitates, accentus et alia oportuna complectens, secundum
quod plurimam expedit, utriusque sexus hominibus canonicis horis ex
debito astrictis plano stilo edocens. 1476. Folio

N

Tractatus de symonia perutilis editus a Johanni **Nauclero** vulgariter 58
Vergenhann nuncupato. 1500. Folio

Latinum ydeoma magistri Pauli **Niavis** pro parvulis editum. — 4° 176

Epistolae longiores magistri Pauli **Niavis**. — 4° 178

Epistolae breves magistri Pauli **Niavis**. — 4° 198

(Mit einem Holzschnitt) Historia occisorum in Culm, tum aliorum 96
hominum, tum maxime virginum per magistrum Paulum **Niavem** in
latinum conversa. — 4°

Sermo quintus **Nicolay** Florentini, qui intitulatur De dispositio- 495
nibus membrorum naturalium. Sextus sermo, qui est de dispositionibus
membrorum generationis. Papiae per Damianum de Comphaloneriis de
Binascho. — Folio

Antidotarium **Nicolai** et quidam alii tractatus (Quid pro quo, Sino- 57
nima). Impressum Venetiis per Nicolaum Jenson Gallicum, 1471. 4°

Oracio in funere domini Petri Cardinalis sancti Sixti. Habita a 179
Nicolao episcopo Modrusiensi. 1475. Impressum Paduae per Matheum
Cerdonis. 1482. 4°

Nicolaus de Tudeschis. (Consilia seu allegationes factae seu 382
compositae per Nicolaum de Sicilia Abbatem Mamacen.) Consilia Nicolai
Abbatis Monacensis nec non tria vel quatuor alia aliorum eximiorum
doctorum praedictis adiuncta et emendata per Ludovicum Bologninum
de Bononia. Venetiis per Philipum Pincium de Caneto. — Folio

Consilia utilia et quotidiana noviter in lucem edita secundi voluminis 382
Nicolai de Tudeschis Abbat. Monacensis Siculi Panormitani. Venetiis
impensis Jacobi de Paganinis Brisiensis, 1491. Folio

Nicolaus de Tudeschis. Disputationes et allegationes subtilissimae 500
ac utilissimae Nycolai Abbatis Siculi. Elegantissimae quaestiones disputatae. Solemnis repetitio circa c. Ecclesia sanctae Mariae de constitu-
tionibus. Repetitio super capitulo Si quis contra clericum de foro compe.
Jo. Coelhoff civis inclitae civitatis Coloniae, 1477. Folio

Nicolaus de Tudeschis. Glo. Cle. cum quibusdam aliis allegatio- 285
nibus occurrentibus nota dignae, collectae per Nicolaum **Siculum**,
Monacensem Abbatem dignissimum, nunc archiepiscopum Panormitanum.
Correctae per Franciscum Brevinum Venetum ac impendio Andreae
Calabren. Papia Venetiis impressae, 1488. Folio

Nicolaus de Tudeschis. Panormitani Practica de modo procedendi 276
in iudicio tam summarie et de plano, quam mere et cum strepitu iudiciali, in omnibus ferme curiis observari consueta. Venetiis impressa
cura et impensa Dionysii de Bertochis de Bononia, 1492. Folio

Nicolaus de Tudeschis. Nicolai Abbatis Panormitani lectura super 501
primo Decretalium. Cum apostillis Antonii Corseti Siculi. Et suppletione
lecturae Antonii de Bu., in quibus constat Abba. non scripsisse. Cum
correctionibus in concilio Vien. ad multos eiusdem lecturae errores
solenniter additis (Lectura aurea Nicolai Siculi super prima et secunda
parte primi libri Decretalium). Venetiis per Dionysium de Berthochis Bon.
et Gabrielem Fixicum Brixiensem, 1493. Folio

Nicolaus de Tudeschis. Prima pars Abbatis super secundo De- 22
cretalium cum casuum Bernardi interpositione. Venetiis impensis Gabrielis
Brixiensis ac Dionysii de Bertochis de Bononia, 1492. Folio

Nicolaus de Tudeschis. Secunda et tertia pars Abbatis Panor. 502
super Decretalium secundo. Venetiis impensis Gabrielis Brissiensis ac
Dionysii de Bertochis de Bononia una cum multis et optimis suppletionibus
seu additionibus Bartholomaei de Bellenzinis et aliorum clarissimorum
iurisconsultorum, ut ex earum lectura clare patet (eorum lectura
attestatur) non praetermissa casuum Bernardi interpositione. 1491 et
1492. Folio

Nicolaus de Tudeschis. Ultima pars Abbatis Panor. super quarto 503
et quinto Decretalium. Cincta optimis glosis seu additionibus Bartholomaei
de Bellenzinis et aliorum insignium virorum cum casuum Bernardi interpositione. Venetiis impensa et cura Gabrielis Brixiensis ac Dionysii de
Bertochis de Bononia, 1492. Folio

Ars epistolandi Francisci **Nigri** Veneti. Charactere et impensis 176
Jacobi de Breyda, Daventriae, 1494. 4°

Ars epistolandi Francisci **Nigri** Veneti doctoris clarissimi. Friburgum, 166
Foedericus Riedrer, 1499. 4°

Liber de beatitudine editus per Leonardum de **Nogarolis**. Impressus 301
Vincentiae per Henricum Librarium, 1485. Folio

Nonii Marcelli Peripatetici Tiburticensis Compendiosa doctrina 310
ad filium de proprietate sermonum. Venetiis per Bernardinum de Cremona
et Simonem de Luero, 1490. Folio

Das allernüczlichest Buch, genant Die vierundzweinczig guldin 41
Harpffen, die mit Fleiß auß der heiligen Geschrifft und der Altväter
Buch durch einen hochgelerten Doctor Bruder Hansen **Nyder** Prediger-
ordens zu Nuremberg also geprediget und durch Bete und Liebe ersamer
Burgerin daselbst in ein tentsch Buch ordenlich zesamen geschriben
seind. Johannes Bämler, Augspurg, 1472. Folio

()

(Mit einem Holzschnitt, eine Belehnung darstellend) **Obertus** de 216
Orto, Das Buch kayserlicher bestetten Lehenrecht (Ius Deutsche übersetzt von Jodocus Pflantzman). Erhartus Radtoldt, Augspurg, 1493. Folio

(Mit zwei Tafeln, welche die Bildnisse der Fürsten enthalten) Der 216
löblichen Fürsten und des Lands **Oesterrich** Altharkomen und Regier.
Mit Hilff des erwirdigen gaistlichen Hern Jacobs diezeit Probst des
wirdigen Gotzhaus Closterneuburg, 1491. Gedruckt zu Basel. Folio

Onosander. De optimo imperatore eiusque officio. Per Nicolaum 49
Sagundinum e graeco in latinum traductum. Impressum Romae per
Eucharium Silber alias Franck 1494. 4°

Omnibonus Leoniceuus de Vicentia, Grammaticae libellus. — De 175
arte metrica. Patavii, 1474. 4°

Omnibonus Vincentinus in Lucanum (Addidit autorum Coradinus 459
nomina nilque sustulit, Omniboni quo minuatur honos). Venetiis, 1475.
Folio

Pauli **Orosii** Historiarum libri septem. Venetiis opera et expensis 213
Octaviani Scoti Modoeticusis, 1483. Folio

Paulus Orosius, Historiarum opus. Venetiis per Christoforum de 455
Pensis de Mandello opera et impensis Octaviani Scoti, 1499. Folio

Ortolff von Beyrlant, Arczneibuch. Anthonius Sorg zu Augspurg, 102
1479. 4°

(Zweimal vorhanden) P. Ovidius Naso (Emendiert von Barnabas 283
Celsanus Vicentinus, herausgegeben von Bonus Accursius Pisanus). 505
Metamorphoseos libri quindecim. Heroidum alias epistolarum liber unicus.
Sappho. (Hier eingeschaltet A. Sabinus: Rescriptio Ulyxis ad Penelopen,
Phyllidi Demophoon, Rescriptum Paridis Oenone. Diese drei „Epistolae"
haben jedoch nicht A. Sabinus, sondern den Italiener Angelus Quirinus
zum Verfasser). Elegiarum sive amorum libri tres. De arte amandi libri
tres. De remedio amoris libri duo. In Ibin liber unicus. Fastorum libri
sex. De tristibus libri quinque. De Ponto libri quatuor. De pulice opusculum, quamquam non putatur a quibusdam Ovidii opus. De philomena;
aliqui tamen putant, non ex eius officina librum hunc emanasse. De
medicamine faciei. De nuce. Consolatio ad Liviam Augustam de morte
Drusi Neronis filii eius, qui in Germania morbo periit (Omnes libri
P. Ovidii Nasonis Sulmonensis qui extant). Hermannus Coloniensis Lichtenstein (Levilapis), Vicentiae, 1480. Folio

P. Ovidius Naso. Dasselbe (In Heroidum libro plurimi versus 506
additi ex antiquissimo codice praesertim in epistola Paridis ad Helenam
et in epistola Cydipes ad Acontium). Venetiis per Lazarum de Saviliano,
1492. Folio

P

Ars conficiendi epistolas elegantissime Tulliano more noviter in 151
lucem redacta (Ars Tulliano more epistolandi Jacobi P.). — 4°

Palladii Rutilii Tauri Aemiliani De re rustica libri tredecim. — 429
De insitione liber (Herausgegeben von Georgius Alexandrinus). Regii
opera et impensis Bartholomaei Bruschi alias Botoni Regiensis, 1482.
Folio

Petrus de **Palude**, Scriptum in quartum Sententiarum (Heraus- 428
gegeben von Paulus Soncinas). Venetiis per Bonetum Locatellum Bergomensem mandato Octaviani Scoti civis Modoetiensis, 1493. Folio

Paratus de tempore, continens evangeliorum de tempore expo- 39
sitiones nec non de tempore epistolarum sermones (Paratus continens
sermones de tempore anni totius, opus perutile). — Paratus continens
sermones de sanctis per circulum anni. Per Anthonium Koberger, Nurnbergae, 1493. Folio

(Sermones **Parati** de tempore et de sanctis) Paratus de tempore 404
continens evangeliorum de tempore expositiones necnon de tempore
epistolarum sermones. Paratus continens sermones de sanctis per circulum anni. Anthonius Koberger, Nurnbergae, 1496. Folio

(Mit einfachen Holzschnitten, Winterteil und Sommerteil, der letztere 236
doppelt vorhanden) **Passional** das ist der Heiligen Leben. Johannes 237
Bämler zu Augspurg, 1477. Folio 423

Tractatus de officio et potestate capituli sede vacante. Editus per 276
Johannem Franciscum de **Pavinis**. Impressus Venetiis per secretum
virum Paganinum de Paganinis Brixiensis dioeesis, 1496. Folio

(Legenda sancti Leopoldi) Relatio facta per Johannem Franciscum 514
de **Pavinis***) de Padua, sacrae theologiae et iuris utriusque doctorem et
causarum sacri pallacii apostolici auditorem, sanctissimi D. N. capellanum
alterum ex tribus capellanis ad summarium faciendum de processibus
huiusmodi canonisationis specialiter deputatum. — Folio

Repetitio notabilis aut. Praeterea C. uu. vir et uxor per Franciscum 307
de **Pepis** Florentinum edita. Senis per Henricum de Haerlem, 1494. Folio

Tractatus perutilis in materia societatum tam de iure civili quam 307
in foro conscientiae. Editus per Angelum de **Periglis** de Perusia. Senis
per Henricum de Haerlem, 1493. Folio

---

*) Vergleiche Defensiorum canonisatiouis sancti Leopoldi, Seite 58,
Inc. 512.

Repetitio l. In snis ff. de liber. et post. per Angelum de **Periglis** 307
de Perusia. Senis per Henricum Haerlem, 1494. Folio

(Gramatica nova) Artis grammaticae introductorium in octo partes 215
orationis, in constructiones, in epistolas conficiendas fere ex Nicolai
Peroti traditionibus a Bernardo Perger translatum studiosissime. Una
cum tractatulo quodam perutili prosodiae et arti metrorum subservienti.
Johannes Otmar in Reuttlingenn, 1486. 4°

Auli **Persii Flacci** Satyrarum liber. Antonius Zarothus Parmensis, 457
Mediolani, 1474. Folio

Pauli Flacci **Persii** poetae Satirarum opus. Joannis Britannici 133
Brixiani commentarii in Persium. Venetiis per Bernardinum Benalium
Pergomensem et Matthaeum Capcasam Parmensem, 1491. Folio

Francisci **Petrarchae** Aretini Epistolae familiares (Herausgegeben 154
von Sebastianus Manilius Romanus civis). In urbe Venetiarum, Johannes
et Gregorius de Gregoriis fratres, 1492. 4°

(Logicalia Petri Hispani cum optimo commento ex dictis diver- 163
sorum doctissimorum mirabiliter collecta) Tractatus duodecim **Petri**
Hispani et tractatus exponibilium non inutile commentum, ex variis
doctissimorum dictis collectum per illum, cuius nomen sit in libro vitae,
qui in minus bene dictis (quoniam solius dei perfecta sunt opera) petit
humiliter excusari ac devotorum orationibus (quod summum precium
statuit) graciose commendari. Gerardus Leen in mercuriali oppido
Antwerpiensi, 1486. 4°

Textus et copulata omnium tractatuum **Petri Hyspani**, etiam 165
Parvorum logicalium et tractatus Syncathegorematum, quem aliqui
octavum vocant. Cum quibusdam aliis sagaciter adiunctis. Iterum atque
iterum diligentissime correcta secundum doctrinam irrefragabilem divi
Thomae Aquinatis ac iuxta frequens exercitium magistrorum Coloniae
infra sedecim domos in bursa Montis regentium in hunc unum librum
congesta. (Copulata sex tractatuum secundum doctrinam sancti Thomae
Aquinatis studio magistrorum Coloniae in bursa Montis regentium industriose collecta et nuper pro exercitio neophytorum logicae solerter
impressa. — Copulata super omnes tractatus Parvorum logicalium ac
super tres tractatus modernorum textui pulcerrime annotata in argu-
mentis et replicis denuo diligentissime correcta iuxta inviolatum processum magistrorum Coloniae bursam Montis regentium. — Tractatus
Syncathegorematum). 1494. 4°

Das Buch von dem Weg oder zu dem heyligen Grab oder gelobten 518
Land und Wundern dabey vast kurtzweilig begriffen (Von dem gelobten
Land und Weg gegen Ihernsalem, von ireu Wesen und Wundern, die
in dem grossen Mör geschen werdent). Petrus Pfarrer. — Folio

(Mit colorierten Abbildungen) Georg von Peuerbach. Theoricae 466
novae planetarum Georgii Purbachii. — Folio

Francisci Philelfi Satyrarum opus. Mediolani per Christophorum 416
Valdarpher Ratisponensem. 1476. Folio

Franciscus Philelfus. Benedicto Aliprando canonico sacculari ex 179
Mediolano pridie Ydus Novembres 1480 (Brief). Hieronymo Squarczafico
Allexandrino ex Mediolano pridie Nonas Junias 1481 (Gedicht). — 4°

Orationes Francisci Philelphi cum aliis opusculis. — Georgii 510
Vallae Placeutini Introductorium ex Galieno ad medicinam. Venetiis per
Philippum de Pinzis Mantuanum, 1496. Folio

Epistolae Marii Philelfi. Basileae per Joannem de Amerbach, 185
1489. 4°

Epistolae Marii Philelphi (Herausgegeben von Ludovicus Mon- 154
dellus). Venetiae, Joannes de Cereto alias Tacninus de Tridino. 1492. 4°

Disputationes Joannis Pici Mirandulae litterarum principis adversus 40
astrologiam divinatricem, quibus penitus subnervata corruit. Benedictus
Hectoris Bononien., Bononiae. 1495. 4°

Commentationes Joannis Pici Mirandulae in hoc volumine con- 40
tentae, quibus anteponitur vita per Joannem Franciscum illustris principis Galeotti Pici filium conscripta. Heptaplus de septiformi sex dierum
geneseos enarratione (de opere sex dierum geneseos). Apologia tredecim
quaestionum. Tractatus de ente et uno cum obiectionibus quibusdam et
responsionibus. Oratio quaedam elegantissima. Epistolae plures. Varia
testimonia eius vitae, doctrinae et commentationum variis ex locis
collecta, multis tamen horum celebratissimorum virorum tum aliorum
praetermissis (Opuscula Joannis Pici Mirandulae Concordiae Comitis).
Benedictus Hectoris Bononien., Bononiae, 1496. 4°

Joannis Francisci Pici Mirandulae De morte Christi et propria 94
cogitanda libri tres. — Eiusdem de studio divinae et humanae philosophiae libri duo. Bononiae per Benedictum Hectoreum, 1497. 4°

(Zweimal vorhanden, jedes Exemplar aus zwei Bänden bestehend, 391
bei dem einen Exemplar der erste Band doppelt; mit prachtvollen 420
Initialen und Randmalereien, die in dem einen Exemplar leider von 20
barbarischer Hand zum Teil herausgeschnitten, zum Teil herausgerissen 389
sind) Summa Rainerii de **Pisis**, quae alias Pantheologia vocatur (Mit 390
einer Vorrede von Jacobus Florentinus). 1474. Folio

Pii Secundi Pontificis Maximi ad illustrem Mahumetem Turcorum 335
imperatorem epistola. G. F., Tarvisii, 1475. 4°

Pius II. Silvii Aeneae poëtae Historia de duobus amantibus cum 335
multis epistolis amatoriis. — 4°

Pii II. Pontificis Maximi Historia rerum ubique gestarum cum 509
locorum descriptione non finita (Prima pars). Venetiis per Johannem
de Colonia sociumque eius Johannem Manthen de Gherretzem, 1477.
Folio

Pii Secundi Pont. Max. Epistolae (52 Briefe, Reden, Bullen). 511
Quam diligentissime castigatae per Petrum Augustinum Philelfum.
Mediolani, Antonius Zarothus opera et impendio Johannis Legnani,
1481. Folio

(Zweimal vorhanden) **Pii II.** Pontificis Maximi, cui ante summum 129
episcopatum primum quidem imperiali secretario, tandem episcopo, deinde 164
cardinali Senen. Aeneas Silvius nomen erat, Familiares Epistolae ad
diversos in quadruplici vitae eius statu transmissae (433 Briefe). Impensis Anthonii Koberger Nurembergae impressae, 1486 et 1496. 4°

Pius II. Aeneae Silvii Senensis Praecepta artis rhetoricae. (Ge- 185
druckt zu Basel bei Johannes Amerbach). — 4°

Liber Magistri Gulielmi **Placentini** de Saleceto in scientia medi- 74
cinali et specialiter perfectis, qui Summa conservationis et curationis
appellatur. Placentiae, 1476. Folio

Cyrugia magistri Gulielmi de Saleceto **Placentini**. Placentiae, 74
1476. Folio

Liber Magistri Guliehmi **Placentini** de Saleceto in scientia medi- 219
cinali et specialiter perfectis, qui Summa conservationis et curationis
appellatur. — Cyrugia Magistri Guliehmi de Saleceto Placentini. Venetiis,
1490. Folio

Opus restitutionum utilissimum a Francisco de **Platea** Bononiense 426
editum. — Tractatus usurarum. — Excomunicationes. Paduae, Leonhardus (von Basel), 1473. Folio

Plautus (Herausgegeben von Georgius Alexandrinus, später von 217
Eusebius Scutarius Vercellensis). Venetiis, 1495. 4°

(Mit colorierten Initialen und Abbildungen) **Plenari** nach Ordnung 408
der heyligen cristenlichen Kirchen, in dem dann man geschriben findet
all Epistel und Ewangely, als die gesungen werdent in dem Ampt der
heyligen Meß durch das ganez Jar (Commun und von den Heyligen).
Augspurg. Authoni Sorg, 1478. Folio

Gai **Plinii** Secundi Oratoris Novocomensis Liber illustrium virorum 335
(Si petis artificem, quis sit patriamque requiris, Jacobi Andreas et
Catharum patria). 1477. 4°

Caii **Plinii** Secundi Novocomensis oratoris facundissimi Episto- 59
larum libri octo. Tarvisii per Joannem Vercellinum, 1483. 4°

(Mit Goldinitialen und schöner Randmalerei) **Plotini** libri (Heraus- 271
gegeben von Marsilius Ficinus Florentinus). Magnifico sumptu Laurentii
Medicis patriae servatoris impressit ex archetypo Antonius Miscominus
Florentiae, 1492. Folio

Plutarchi philosophi De virtutibus mulierum traductio per Ala- 168
mannum Ranutium civem Florentinum. Brixiae per Boninum de Boninis
de Ragusia, 1485. 4°

Plutarchi Libellus de differentia inter odium et invidiam (Heraus- 455
gegeben von Philippus Beroaldus). 1497. Folio

Poggli Florentini Facceiarum liber. Fridericus Creusner, 1475. 117
Folio

Historia Fiorentina di Messer **Poggio** padre tradocta di lingua 191
latina in lingua toscana da Jacopo suo figliulo. Impresso a Vinegia per
l'huomo di optimo ingegnio Maestro Jacopo de Rossi di natione Gallo,
1476. Folio

Lodovicus (de Roma) **Pontanus.** Super l. Si vero § de viro ff. 307
solut. matri., materiam interpretationis restrictive et extensive elegantissime pertractans. Senis per Henricum de Haerlem, 1493. Folio

Exercitata veteris artis, quae sunt ysagoge **Porphirii,** praedica- 68
menta Aristotelis cum duobus libris periarmenias eiusdem collecta et
bene emendata per Johannem Parreut. 1492. 4°

Praecepta coaugmentandae rethoricae orationis commodissima. — 462
4°

Tractatulus solennis de arte et vero modo **praedicandi** ex diversis 96
sacrorum doctorum scripturis et principaliter sacratissimi christianae
ecclesiae doctoris Thomae de Aquino ex parvo suo quodam tractatulo
recollectus, ubi secundum modum et formam materiae praesentis procedit. Una cum tractatulo Heinrici de Hassia de arte praedicandi. —
4°

Sermones dominicales super evangelia et epistolas per totum 398
annum, editi a fratre Hugone de **Prato.** Impensis Anthonii Koburgers,
Nurenbergae, 1483. Folio

Prisciani De octo orationis partibus antiquissimo ex codice epi- 150
thoma. — 4°

(Dreimal vorhanden) *Προκλου Σφαιρα*. — Procli Diadochi Sphaera, 86
astronomiam discere incipientibus utilissima. Thoma Linacro Britanno 87
interprete. Venetiis cura et diligentia Aldi Manutii Romani, 1499. Folio 467

Propertii Aurelii Nautae Libri quatuor (Mit einer kurzen Lebens- 266
beschreibung des Dichters von Hieronymus Alexandrinus). Opera Regii
Lepidi auctoribus Prospero Odoardo et Alberto Mazali Regiensibus, 1481.
Folio

Prosdocimus de Beldamandis. Algorismi tractatus perutilis et 179
necessarius, qui de generibus calculationum speciem praeteriit nullam,
quae saltem necessaria ad huius artis cognitionem fuerat. Una cum
minuciis. Impressus Paduae, 1483. 4°

(Mit einem Bilde der heiligen Agnes) **Psalterium***) et Breviarium 149
iuxta chorum ecclesiae Pataviensis. Erhardus Ratdolt, Augustae, 1490. 4°

(Mit 26 colorierten Landkarten; von Angelus gewidmet dem Papste 425
Alexander V.) Claudii **Ptolamaei** Alexandrini Cosmographiae libri octo.
Tabulae Cosmographiae secundum dimensiones Ptolomei. Opus utrumque
summa adhibita diligentia duo astrologiae peritissimi castigaverunt
Hieronimus Mamfredus et Petrus Bonus. Nec minus curiose correxerunt
summa eruditione praediti Galeottus Martius et Colla Montanus. Ex-
tremam emendationis manum imposuit Philippus Broaldus, qui Plinii,
Strabonis reliquorumque id genus scriptorum geographiam cum Ptolomeo
conferens, ut esset quam emendatissimus, elaboravit. Bononiae opera
Dominici de Lapis civis Bononiensis, 1462. Folio

(Mit colorierten Initialen und 32 colorierten Landkarten, die ganze 507
Ausstattung eine recht hübsche, auf der ersten Landkarte oben die In-
schrift: „Insculptum est per Johannem Schnitzer de Armßheim") Claudii
Ptolomaei viri Alexandrini Cosmographiae libri octo. Opus Nicolai
Germani secundum Ptolomaeum. Ulmae per Leonardum Hol, 1482. Folio

Liber Quadripartiti **Ptolomaei** id est Quattuor tractatuum in 48
radicanti discretione per stellas de futuris et in hoc mundo constructionis
et destructionis contingentibus. — Scientia proiectionis radiorum. —
Liber centum verborum (Centiloquium). Cum commento Haly. Venetiis
per Erhardum Ratdolt de Augusta. 1484. 4°

Liber Quadripartiti **Ptholemaei** id est Quatuor tractatuum in 106
radicanti discretione per stellas de futuris et in hoc mundo constructionis
et destructionis contingentibus cum commento Haly Heben Rodan (Mit
einem Vorwort des Übersetzers Aegidius de Tebaldis Lombardus).
Scientia proiectionis radiorum. De tribus nativitatibus. Liber centum
verborum (Centiloquium) Ptholemaei cum commento Haly (Herausgegeben
von Hieronymus Salius Faventinus). Venetiis per Bonetum Locatellum
impensis Octaviani Scoti civis Modoetiensis. 1493. Folio

---

*) Eine noch ältere Auflage von **Breviarium** divinorum officiorum
secundum ordinationem sanctae ecclesiae Patavinae, Seite 23, Inc. 32. —
Vergleiche auch **Diurnale** pro Pataviensis ecclesiae rubrica ordinatum.
Seite 36, Inc. 5.

(Mit Abbildungen) Oratoriae artis epitoma vel quae brevibus ad 168
consummatum spectant oratorem ex antiquo rhetorum gymnasio. Dicendi
scribendique breves rationes nec non et aptus optimo cuique viro
titulus*). Insuper et perquam facilis memoriae artis modus Jacobi
Publicii Florentini lucubratione in lucem editus. Erhardus Ratdolt
Augustensis, 1485. 4°

Q

Marci Fabii **Quintiliani** De institutione oratoria (Institutiones 424
oratoriae). Mediolani, Antonius Zarothus Parmensis, 1476. Folio

M. Fabii **Quintiliani** eloquentissimi Declamationes. — Folio 209

M. Fabi **Quintiliani** Declamationes centum triginta sex. Parmae 294
per Angelum Ugoletum Parmensem. 1494. Folio

R

Liber **Rasis** de secretis in medicina, qui Liber amphorismorum 60
apellatur. Bononiae impensa Benedicti Hectoris librarii, cura vero Platonis
de Benedictis stampatoris acuratissimi. — 4°

*) Ältere Auflage von Ars Tulliano more epistolandi Jacobi P. Seite 69
Inc. 151.

Liber **Rasis** ad Almansorem. Divisiones. Liber de incturarum 99
aegritudinibus. Liber de aegritudinibus puerorum. Aphorismi. Antidotarium quoddam. Tractatus de praeservatione ab aegritudine lapidis.
Introductorium medicinae. Liber de sectionibus et cauteriis et ventosis.
Casus quidam, qui ad manus eius pervenerunt. Sinonima. Tabula omnium
autidotorum in operibus Rasis contentorum. De proprietatibus, iuvamentis et nocumentis sexaginta animalium. Hieronymi Manfredi Centiloquium de medicis et infirmis. Venetiis per Johannem Hertçog de
Landoia Alemannum, 1500. Folio

Von Ordnung ze **reden** und besunder zu angedingtem freuntlichem 35
Rechten. — 4°

Regimen sanitatis, das ist von der Ordnung der Gesuntheyt. — 102
Wie man ein gesunden Menschen erkennen sol und ob er von übrigem
Plut siech sey und wann einen Menschen ein grosse Sucht besteen will,
auch so er den Frörer in einer Sucht hat und von dem Magen, wie
sich Speyß und Trank darinn umwandlet. Auch vindet man dabey, wie
einer den Haren vahen sol und zu welcher Czeyt und was ein yed
Haren bedent, desgeleichen der Puls und das gelassen Blut. — 4°

Regiomontanus. Disputationes Joannis de Monteregio contra 466
Cremonensia in planetarum theoreias delyramenta. — Folio

Regiomontanus. (Mit colorierten Abbildungen der Sonnen- und 249
Mondesfinsternisse) Calendarium a Johanne de Monteregio editum. Instrumentum horarum inaequalium. Instrumentum veri motus lunae.
Quadrans horologii horizontis. Quadratum horarium generale. Erhardus
Ratdolt, Venetiis, 1482. 4°

Regiomontanus. (Dasselbe Buch in deutscher Übersetzung, 153
gegen den Schluß hin verändert und vermehrt, mit den Abbildungen
der zwölf Zeichen des Tierkreises) Kalender Maister Johannes Küunigsperger. Instrument der Planeten Stund. Instrument des waren Lauffs
des Mones, Quadrans horologii horizontalis, Quadratum horarium generale.
Erhard Ratdolt, Augspurg, 1496. 4°

Regiomontanus. Tabella sinus recti per gradus et singula minuta 157
divisa. Ad tabulas directionum Johannis de Regiomonte necessarias, cum
quibus exempla partes eisdem tabellae multum concordant. — (Tabulae
directionum profectionumque Joannis Germani de Regiomonte in nativitatibus multum utiles) Opus tabularum directionum profectionumque

per Joannem de Regiomonte compositarum. Joannis Angeli de Aichach diligenti correctione Erhardique Ratdolt mira imprimendi arte, qua nuper Venetiis, nunc Augustae Vindelicorum excellit nominatissimus, 1490. 4°

Regiomontanus. Epytoma Joannis de Monteregio in Almagestum 104 Ptolomaei (Cl. Ptolemaei Alexandrini Εἰς μεγάλην σύνταξιν id est In magnam constructionem Georgii Purbachii eiusque discipuli Johannis de Regiomonte astronomicon epitoma). Impensis non minimis euraque et emendatione non mediocri Casparis Grosseh et Stephani Roemer. Johannes Hamman de Landoia dictus Hertzog, 1496. Folio

Raphael **Regius**, In eloquentiam panegyricus. — 4° 179

Raphaelis **Regii** Enarrationes in Plinii Maioris epistolam ad Titum 173 Vespasianum. — Conclusiones et quaestiones in nonnullos errorum eiusdam Calfurnii Bestiae (De quatuor Persii locis, uno Valerii Maximi, duobus Tullii de officiis ac tribus oratoriis quaestionibus disputatio). — De quatuor Quintiliani locis cum quodam Calfurnio Bestia dialogus. — Loci eiusdam Quintiliani ac eius Ciceronis ad Atticum epistolae, cuius initium est „Epistolam hanc convicio efflagitarunt codicilli tui", enarratio. Gulielmi Tridinensis (cognomento Animamia) opera hoc opusculum fuit descriptum, 1490. 4°

(Zweimal vorhanden) Casus longi Sexti et Clementinarum (Casus 290 longi super Sexto Decretalium, compilati in alma universitate Pictavensi. 291 Casus longi Clementinarum, noviter compilati in famosa universitate Pictavensi). A Helya **Regnier** elimatissime collecti. 1488. Folio

(Zweimal vorhanden) Capnion vel De verbo mirifico, Joannes 322 **Reuchlin** Phorcensis. — Folio 323

Joannis **Röchlin** Phorcensis Scenica progymnasmata hoc est 144 Ludicra praeexercitamenta (Herausgegeben von Joan. Bergman de Olpe).— 4°

Zweimal vorhanden. (Spiegel der waren Rhetorie uß M. Tulio 409 C. und andern getütscht. Mit irn Glidern cluger Reden, Handbriefen 410 und Formen menicher Contract, seltzam regulierts Tütschs und nutzbar exempliert mit Fugen uff göttlich und keiserlich Schrifft und Rechte gegrüudt; nuwlich und vormaln in gemein nye gesehen, yetz loblich uß gangen) Rhethorichscher Spiegel und lüchtender Stern wolerwegens Redens und Schribens zu Friburg in Brißgaw durch Fridrichen **Riedrer** von Mülhnsen in Hegaw versamelt, gedruckt uud volendet, 1493. Folio

Laurentii **Rodulphi** (de Rodulfis) civis et advocati Florentini 276
Repetitiones cum additionibus Felini Sandei. Repetitio c. Sino XII. q. II.,
ubi formantur LXX q. principales in materia alienationis rei eccle.
utiles, necessariae et quotidianae. Disputatio eiusdem solemnis continens
pulchra dubia (super validitate alienationis factae per abbatem vel priorem
ad vitam recipientis duratura et de potestate talium in alienando incon-
sulto superiore). Repetitio c. Monachi XVI. q. I. Impressum Venetiis
per Bernardinum Benalium, 1496. Folio

Gesta **Romanorum** cum applicationibus moralisatis ac misticis 315
(Ex gestis Romanorum historiae notabiles de viciis virtutibusque tractantes
cum applicationibus moralisatis et mysticis). 1499. Folio

De victoria verbi dei volumen originale **Ruperti** Abbatis Tuici- 414
ensis, sacramenta Pentateucon ceterorumque veteris ac novae legis
librorum occulta, in tredecim libros divisum. Impressum per Anthonium
Sorg civem Augustens., 1487. 4°

S

M. Antonius **Sabellicus**, De Venetis magistratibus liber unicus. De 27
Venetae urbis situ libri tres. De praetoris officio libellus. Dialogus, qui
et Latinae linguae reparatio inscribitur. Venetis per Antonium de Strata
Cremonensem, 1488. 4°

Cato **Sacchus** legum monarcha inchoans artificialis memoriae 150
artem super l. Peregre. ff. de acquirenda vel amittenda poss. — 4°

Der **Sachsenspiegel** mitt Ordnung des Rechten, den der erwirdig 327
in Got Vater und Herr Theodoricus von Bockßdorf Bischof zu Nenmburg
saeliger gecorrigiert hat. Gedruckt und volendt von Anna Rügerin in
Augspurg, 1484. Folio

Noviciis adolescentibus ad astronomicam rempublicam capessendam 249
aditum impetrantibus pro brevi rectoque tramite a vulgari vestigio
semoto Joannis de **Sacrobusto** Sphaericum opusculum. Contraque
Cremonensia in planetarum theoricas delyramenta Joannis de Monteregio
disputationes tam acuratissimae quam utilissimae. Necnon Georgii
Purbachii in eorundem motus planetarum acuratissimae theoricae. Impressum hoc est opusculum mira arte et diligentia Erhardi Ratdolt
Augustensis, 1482. 4°

(Sphaera mundi) Sphaerae mondi compendium. Noviciis adoles- 155
centibus ad astronomicam rempublicam capessendam aditum impetrantibus pro brevi rectoque tramite a vulgari vestigio semoto Joannis de
Sacrobusto Sphaericum opusculum una cum additionibus nonnullis
litera A sparsim, ubi intersertae sint, signatis. Contraque Cremonensia
in planetarum theoricas delyramenta Joannis de Monteregio disputationes
tam accuratissimae quam utilissimae. Nec non Georgii Purbachii in
eorundem motus planetarum accuratissimae theoricae. Impressum Venetiis
per Gullielmum de Tridino de Monteferrato, 1491. 4°

Repetitio Bartholomaei de **Saliceto** super l. semel mora ff. so. 307
ma. Senis per Henricum de Haerlem, 1495. Folio

(Zweimal vorhanden) Summa casuum utilissima per Baptistam de 329
Salis noviter compilata, quae Baptistiniana nuncupatur. Nuremberg per 352
Authonium Koberger, 1488. Folio

Gaius **Sallustius** Crispus. Salustii vita compilata a Hieronymo 509
Squarciafico Alexandrino. Catilinarium ac Jugurtinum bellum. Distichon
Martialis in Salustium. Crispi Salustii in M. T. Ciceronem invectiva.
M. T. Ciceronis in Crispum Salustium responsio seu invectiva. Opere
et impenssa Philippi Petri, 1478. Folio

Pomponii Laeti epistola ad Augustinum Mapheum. C. Crispi **Salustii** 304
Bellum Catilinarium (De coniuratione L. Ser. Catilinae) cum commento
Laurentii Valensis. Portii Latronis declamatio contra Lucinm Sergium
Catilinam. C. Crispi Salustii De bello Jugurtino. C. Crispi Salustii Variae
orationes ex libris einsdem historiarum excerptae (Oratio Lepidi consulis
ad populum. Oratio Philippi in senatu. Oratio C. Cotae cos. ad populum.
Oratio Macri tr. pl. ad plebem. Epistola Cn. Pomp. ad senatum. Rex
Mithridates regi Arasci. Ad Caesarem senem de republica. Ad C. Caesarem oratio de republica). C. Crispi Salustii vita. Invectiva C. Salustii
in Ciceronem. Venetiis per Joannem de Cereto de Tridino, 1493. Folio

Crispi **Salustii** Catilina et Jugurtha. Crispi Salustii oratoris clarissimi vita. Einsdem in M. T. Ciceronem invectiva. M. T. Ciceronis in Crispum Salustium responsio seu invectiva. Oratio Lucii Catilinae responsiva in Marcum Tullium Ciceronem (Herausgegeben von Justinianus Romanus. Gedruckt von Joannes Vercellensis auf Veranlassung des Franciscus Madius). — Folio 405

Epistola, quam scripsit Rabbi **Samuel** Israhelita, oriundus de civitate regis Morochiani ad Rabbi Ysaac magistrum synagogae, quae est in Subiulmeta in praedicto regno. Translata de arabico in latinum per Alfonsum Bonihominis Hispanum (Ad convincendum Judaeos de errore suo, quem habent de Messia adhuc venturo et observantia legis Mosaicae). Impressa Mantuae per Johannem Schallus, 1475. Folio 281

(Dasselbe in deutscher Übersetzung) Ein Epistel Rabbi **Samuelis** deß Juden. darinn er anzaygt und bewerlich vernicht die öden und unfruchtbarn Hoffnung der Juden, die syc haben von Messia, das derselbig noch komen sol. Auch ein Epistel Pontii Pylati von der Urstend Christi unsers Seligmacherß. Gedruckt durch Caspar Hochfeder zu Nürenberg, 1498. 4° 97

Libellus Michaelis **Savonarolae** de balneis et termis naturalibus omnibus Ytaliae sicque totius orbis proprietatibusque earum. Impressus Ferrariae per Andream Gallum, 1485. Folio 138

(Libellus Michaelis **Savonarolae** de balneis et termis naturalibus omnibus Ytaliae sicque totius orbis proprietatibusque earum) Liber de balneis et termis naturalibus totius mundi cum suis omnibus proprietatibus nec non de balneis et termis artificialibus, editus a Michaele Savonarola. Impressus Bononiae impensa Benedicti Hectoris Bononiensis, adhibita sollerti cura diligentissimi viri, 1493. Folio 349

Canonica de febribus Michaelis **Savonarolae**. Dyonisius de Berthochis, 1487. Folio 338

Summa de pulsibus, urinis et egestionibus Michaelis **Savanorolae** Patavini. Bononiae per Henricum Harlem et Johannem Walbeeck socios, 1487. Folio 338

(Mit Holzschnitten, von denen einige coloriert sind) Hans **Schiltberger** (Beschreibung seiner Reisen und Abentener in Asien). — Folio 518

(Zweimal vorhanden, mit Goldinitialen und zahlreichen Holzschnitten, 517
die in einem Exemplar coloriert sind) Der **Schrein** oder Schatzbehalter 519
der waren Reichtümer des Hails und der ewigen Seligkeit. Anthonius
Koberger, Nurmberg, 1491. Folio

(Mit colorierten Abbildungen und Initialen) Bruder Peter **Schwarz** 351
Predigerordens, Chochaf Hamschiah das ist getulmeezt Eyn Sternn dess
Meschiah. Im Anhange Regeln betreffend die hebräischen Buchstaben
und Zeichen. Conradus Feyner von Gerhausen in Eßling, 1477. 4°

(Seneca moralis) Libri Lucii Annaei **Senecae** philosophi moralis. 212
Venetiis per Bernardinum de Cremona et Simonem de Lucro, 1490. Folio

Tragoediae Lucii Anaei **Senecae** Cordubensis cum commento 345
Gellii Bernardini Marmitae Parmiensis. Lugduni per Anthoninm Lambillon et Marinum Sarazin socios, 1491. 4°

Dispntationes, quaestiones et consilia Frederici de **Senis** per titulos 334
Decretalinm. Romae per Adam Rot Meten. dioc. clericum, 1472. Folio

Textus **Sequentiarum** cum optimo commento. — 4° 96

(Das Breviarium ist zweimal vorhanden) Liber **Serapionis** aggre- 88
gatus in medicinis simplicibus. Translatio Symonis Jannuensis interprete 89
Abraam Judaeo Tortnosiensi de arabico in latinum (Liber aggregationum
simplicium medicinarum Joannis Serapionis). — Liber Galieni de virtute
centaureae. — Tractatus septem Breviarii Joannis filii Serapionis. Hunc
librum transtulit Gerhardus Cremonensis in Collecto de arabico in latinum (Opera scilicet simplicium et aegritudinum particularinm Johannis
filii Serapionis). Impressa Venetiis snmmo studio et arte magistri Rainaldi Novimagensis Alemani atque emendata per claros medicos solertissimos. 1479. Folio

(Zweimal vorhanden) **Sermones** notabiles atque perutiles, quibus 354
ab editore suo doctore et praedicatore famosissimo nomen, ut Thesaurus 355
Novus intituleutur, inditum est (Opus perutile sermoum dominicalium
totius anni, Thesaurus Novus nuncupatum). Argentinae. 1484. Folio

Sermones quadragesimales notabiles atque perutiles, qui Thesaurus 43
Novus intitulantur (Opus perutile sermonum quadragesimalium, Thesaurus Novus nuncupatum). Argentinae, 1487. Folio

Georgii **Sisgorei** Sibenicensis Dalmatae Elegiae et carmina. Impressum est hoc opusculum in Venetiis per Adam de Rodveil, 1477. 4° 335

Per Marianum **Socinum** de Senis Super rubrica et titulo de litis 307
contestatione et ut lite non contestata. Senis per Henricum de Harlem,
1492. Folio

Repetitio c. fraternitatis de testibus Mariani de **Sozinis** de Senis. 307
Senis per Henricum de Haerlem. — Folio

C. Julii **Solini** grammatici Polystor ab ipso editus ac recognitus 62
de situ orbis terrarum et de singulis mirabilibus, quae in mundo habentur. — 4°

(Dasselbe wie das vorangehende Buch) **Solinus**, De memoralibus 158
mundi (Cai Julii Solini Rerum memorabilium collectaneae). Venetiis,
1493. 4°

Speculum exemplorum omnibus christicolis salubriter inspiciendum, 356
ut exemplis discant disciplinam. Argentinae, 1487. Folio

Speculum aureum animae peccatricis docens peccata vitare osten- 92
dendo viam salutis a quodam Cartusiense editum. Per Arnoldum de
Colonia, 1494. 4°

Speculum artis bene moriendi, de temptationibus, poenis infer- 92
nalibus, interrogationibus agonisantium et variis orationibus pro illorum
salute faciendis. — 4°

Quadragesimale de floribus sapientiae per Ambrosium **Spiera** 331
Tarvisinum. Vendelinus de Spira, Venetiis, 1476. Folio

Strabonis Amasini scriptoris illustris Geographiae opus (Strabonis 326
Cappadocis seu Gnossii Amasini scriptoris celeberrimi De situ orbis libri
septemdecim). Quod Joannes Vercellensis propria impensa viventibus
posterisque exactissima diligentia imprimi curavit, 1480. Folio

C. **Suetonii** Tranquilli De vita duodecim Caesarum libri duo- 325
decim. Per Philippum condam Petri, Venetiis, 1480. Folio

C. **Suetonii** Tranquilli De vita duodecim Caesarum. Joannes 405
Vercellensis Francisco Madio auctore. — Folio

Collecta et exercitata Friderici **Sunczell** Mosellani in octo libros 177
phisicorum Aristotelis. Impressa Hagenau expensis Johannis Rymmann
per Henricum Gran, 1499. 4°

T

Cornelii **Taciti** De situ, moribus et populis Germaniae libellus 326
aureus. Venetiis per Andream Jacobi Katharensem, 1476. Folio

Cornelii **Taciti** Historiae Augustae liber undecimus usque ad 324
vicesimum priumm actionum diurnalium. — De situ, moribus et populis
Germaniae libellus aureus. — Dialogus, an sui saeculi oratores antiquioribus et quare concedant (Herausgegeben von Franciscus Puteolanus).—
Folio

Practica Valesci de **Taranta**, quae alias Philonium dicitur. Impressa 296
Lugd. per Mathiam Huß Alemannm, 1490. Folio

Alexandri **Tartagni** Imolensis Consilia primi voluminis Venetiis 272
impressi opera Henrici de Colonia Bon., impressoris rursus in studio
Bononiensi renovata, additis eiusdem consultoris aliis pluribus in lucem
noviter proditis consiliis, 1483. Folio

Alexandri **Tartagni** Imolensis Consilia. Quatuor voluminа. Per 314
Bernardinum Stagninnm de Monteferrato de Tridino, Venetiis, 1492
(1493). Folio

Terencius poëta cum comento Donati grammatici. — 4° 152

(Zweimal vorhanden, mit Abbildungen) **Terentius** cum directorio 316
vocabulorum et sententiarum, glosa interlineali artis comicae, comentariis 317
(Donato, Guidone, Ascensio). Impressum Argentinae per Joannem
Grüninger, 1496. Folio

(Mit Abbildungen) **Terentius** der hochgelert und allerbrüchlichest 316
Poët von latin zu tütsch transferiert (durch Hansen Nythart, Burger zu
Ulm) nach dem Text und nach der Gloß in sinen VI Büchern. Uß dem
ein yeglicher Mensch erkenen mag die Sitten und Gemüt der andren
Menschen. Getruckt in Straßburg von Hanß Grünynger, 1499. Folio

Terentius cum duobus commentis. Commentarii Aelii Donati 468
super P. Terentii Afri comoediis nec non Joannis Calphurnii super
Heantontimorumenon. Venetiis per Albertinum Vercellensem, 1500. Folio

Theophrasti De historia plantarum libri decem per Theodorum 140
Gazam in latinum ex graeco sermone versi. Theophrasti De causis
plantarum libri sex. Impressum Tarvisii per Bartholomaeum Confalonerium
de Salodio, 1483. Folio

(Mit Holzschnitten) Eyn gutt nuezlich Buch*) von der rechtlichen 300
Überwindung Cristi wider Sathan den Fürsten der Helle und des Sünders
Beträstung. Jakob von **Therams**. Gedruckt von Ginthero Zeiner aus
Reutlingen, 1472. Folio

Expositio Gaetani **Thienensis** (Tiennensis) Vicentini super libros 140
de anima Aristotelis. — Quaestio de sensu agente. — De sensibilibus
communibus. — De intellectu. Antonii de Strata de Cremona impensa
ingenioque diligenter impressa et per Gasparem et Johannem Antonium
de Sicilia emendata, Venetiis, 1481. Folio

Quaestiones disputatae luculenter quam disserte beati **Thomae** 311
Aquinatis. Per Johannem Koelhoeff de Lubeck Coloniae incolam impressae,
1477. Folio

Sequentia libri Peryermenias secundum **Thomam** de Aquino. 281
Supplementum in librum secundum Periermenias secundum Geradeum
de Esculo. — Opusculum fallaciarum Sancti Thomae de Aquino, quod
ad instantiam quorundam nobilium fecit, sine quo evadere sophisticas
argutias bene poterit nemo. Venetiis impensis Johannis de Colonia
sociique eius Johannis Manthen de Gherretzem, 1477. Folio

---

*) Ältere Auflage von dem „Buch **Belial**" (1482 und 1500). Seite 16, Inc.
35 und 90

Tertia pars Summae sancti **Thomae** de Aquino. — Additiones 312
tertiae partis Summae sancti Thomae de Aquino. Venetiis, Bernardinus
de Tridino ex Monteferrato, 1486. Folio

Scriptum sancti **Thomae** de Aquino super primo libro Sententiarum 428
cum textu singulis distinctionibus anteposito. Venetiis per Antoninum de
Strata Cremonensem, 1486. Folio

(Zweimal vorhanden) Textus Sentenciarum cum conclusionibus ac 262
titulis quaestionum sancti **Thomae** articulisque Parisien. et in quibus 313
magister communiter non tenetur (Liber Sentenciarum Petri Lombardi.
Cum conclusionibus Henrici Gorichem ac sancti Thomae problematibus
ad studentium exercitationem facilioremque in eius ipsius scriptis materiarum inventionem cuivis librorum seriatim annotatis. Additis insuper
quibusdam articulis in certis facultatibus erroneis et in fide catholica
suspectis Parisius doctrinaliter et autoritative a catholicis tractatoribus
condemnatis). Impensis atque opera Nicolai Keslers civis Basileen.
impressus, 1488. Folio

(Tractatus resolvens dubia per modum dyalogi circa septem 357
sacramenta occurrentia) Conclusiones de septem sacramentis tractae
de scriptis sancti **Thomae** de Aquino et quorundam aliorum doctorum.
Impressae Argentinae, 1496. 4°

(Mit sehr schönen Initialen und Randmalereien) **Thucydidis** 483
Historiarum Peloponnensium translatio Laurentii Vallensis (Herausgegeben
von Bartholomaeus Parthenius Benacensis). — Folio

Johannes Mathias **Tiberinus**. (Erzählung eines Ritualmordes, 248
welcher von Juden in Trient an einem Christenknaben ausgeführt
wurde). — 4°

(Zweimal vorhanden) Johannes Mathias (Tuberinus) **Tiberinus** 309
(Dasselbe). Arte sua hoc opus exiguum condidit Fridericus Creusner. — 516
Folio

Albii **Tibulli** Libri quatuor. Ovidii Nasonis epistola, in qua con- 266
queritur de morte Tibulli. (Mit einer kurzen Lebensbeschreibung des
Dichters von Hieronymus Alexandrinus). Opera Regii Lepidi auctoribus
Prospero Odoardo et Alberto Mazali Regiensibus, 1481. Folio

Dicta **Tinctoris** super Summulas Petri Hyspani (Hoc percelebre 211
opusculum secundum Johannis Scoti viam compilatum est a Nicolao
Tinctoris de Guntzenhusen. Per peritos almae universitatis Tubingensis
magistros correctum). Per Michahelem Gryff civem Rutlingensem, 1486.
Folio

Joannis **Tortellii** Arretini Commentariorum grammaticorum de 189
orthographia dictionum e graecis tractarum opus. Per Hermannum Lichtensten Coloniensem Venetiis impressum, 1484. Folio

Johannes **Tortellius** Arretinus (Dasselbe). Per Andream de 310
Paltasichis Catharensem Venetiis impressum, 1488. Folio

(Dreimal vorhanden; der Verfasser ist Nicolaus de Plove). **Trac-** 53
tatus sacerdotalis de sacramentis deque divinis officiis et eorum admini- 1
strationibus (Tractatus perutilis de administratione sacramentorum, de 34
expositione officii missae, de dicendis horis canonicis deque censuris
ecclesiasticis canonice observandis). Impressus Argentinae per Martinum
Flach, 1488, 1493 et 1496. 4º

Tractatus contra vicia ratione et auctoritate terribiliter clamans, 251
modernis christicolis necessarius nec non utilissimus clero et laicis.
Impressus Argentinae per Georgium Hußner, 1498. 4º

Mercurii **Trismegisti** Liber de potestate et sapientia dei, e graeco 155
in latinum traductus a Marsilio Ficino Florentino. Venetiis impressus per
Maximum de Butricis Papiensem, 1491. 4º

Johannis de **Trittenhem**, Abbatis Spanhemensis, Liber lugubris de 92
statu et ruina monastici ordinis. Omnibus religiosis ac devotis viris non
minus utilis quam iocundus. (Lectus fuit praesens tractatus in capitulo
provinciali ordinis Sancti Benedicti provinciae Maguntinae in Hirßau
celebrato ad mensam anno 1493 dominica Jubilate et diebus sequentibus
usque ad finem. Omnibus autem abbatibus inibi adunatis volentibus et
consentientibus statutum fuit, ut imprimeretur et in futuris capitulis
provincialibus ad mensam semper publice legeretur, ut patet in
statutis). — 4º

(Mit colorierten Holzschnitten) Ein schöne Hystori, wie Troya die 308
köstlich Statt erstört ward durch die Verheuckung Gottes zu einem
Exempel der gantzen Welt, dabey man mercken mage, das sich
nyemandt seines Adels, Reychtumbs oder Mächtigkeyt zu vil übernemen
sol. Anthonius Sorg in Augspurg, 1479. Folio

Liber, qui Rosella casuum appellatur. Editus per Baptistam **Trova-** 33
malam. Cura et studio Georgii Arrivabeni Mantuani, Venetiis, 1495. 8º

Baptista **Trovamala** (Dasselbe). Venetiis per Paganinum de 2
Paganinis, 1499. 8º

Tractatus quidam de **Turcis**, prout ad praesens ecclesia sancta 27
ab eis affligitur. Collectus diligenti discussione scripturarum a quibusdam
fratribus ordinis praedicatorum, qui etiam de tribus principaliter tractat.
Primo de autenticatione scripturarum loquentium de praesenti afflictione
ecclesiae. Secundo de culpis et causis huius afflictionis. Tercio de eius
duratione et termino, quantum videlicet temporis ecclesia ab eis affli-
getur. Nurembergae per Conradum Zeninger, 1481. 4°

Tractatus de moribus, condicionibus et nequicia **Turcorum**. — 4° 59

Tractatus **Tyndari** de compensationibus. Senis per Henricum de 307
Haerlem, 1493. Folio

U bis Z.

Petri de **Ubaldis** de Perusia Repetitio super c. si diligenti de 307
praescriptionibus. Senis per Henricum de Haerlem, 1493. Folio

Bruderschafft genant Sant **Ursulen** Schifflin. Das Liede uber 97
Sant Ursulen Schyfflin, gedichtet von Johannes Gosseler, Pfarher zu
Raffenspurg (samt der Melodie, nach welcher das Lied gesungen werden
soll). Getruckt zu Straßburg uff Grüneck von Bartholomaeus Küstler,
1497. 4°

(Zweimal vorhanden) Valerii Maximi Factorum ac dictorum memo- 303
rabilium libri novem (**Valerii** Maximi opus cum commento Oliverii 304
Arciguanensis Vicentini). Impressum Venetiis, 1494. Folio

(Dasselbe, aber nur das erste und zweite Buch und vom dritten 468
Buche das erste Capitel) **Valerius Maximus**, De factis et dictis memo-
rabilibus. — Folio

(Zweimal vorhanden) Invectiva (Opusculum) Laurentii **Vallae** in 173
Antoninm Randensem. Epistola ad Alfonsum minoris maiorisque Hes- 65
periae regem. Confutatio (Invectiva) in Benedictum Morandum. In Benedictum Morandum confutatio altera. Invectiva in Pogium. Impressit
Lucas, Venetiis, 1481. 4°

Laurentius de **Valla**. De vero bono. De libero arbitrio. In male- 150
dicentissimum Pogium Florentinum apologus. Impressus Lovanii, 1483. 4°

Laurentius **Vallensis**, Commentariorum grammaticorum secundum 209
elegantiam linguae latinae libri sex. — De reciprocatione sui et suus
(Laurentii Vallensis De linguae latinae elegantia et de hoc pronomine
sui opus). Venetiis impressum, 1483. Folio

Laurentii **Vallensis**, Commentariorum grammaticorum secundum 295
elegantiam linguae latinae libri sex. — De reciprocatione sui et suus.
Venetiis per Bernardinum de Novaria, 1491. Folio

Laurentii **Vallensis** Elegantiae de lingua latina. De pronomine 294
sui. Lima quaedam per Antonium Mancinellum. Impressum fuit hoc opus
Venetiis per Cristoferum de Pensis, 1496. Folio

Laurentii **Vallensis** Epitome portusque elegantiae per Ant. Manci- 50
nellum Veliternum amicorum filiis. Laurentii Vallensis lima quaedam per
Antoninm Maucinellum Veliternum. Ant. Mancinellus Rhetoricen ad
Herennium esse Cicerouis. Ant. Mancinelli Commentariolus in Rhetoricen
ad Herennium. Impressum Venetiis per Simonem Bibilaquam Papiensem,
1494. 4°

Dialecticae Laurentii **Vallae** libri tres. Seu eiusdem reconcinnatio 520
totius dialecticae et fundamentorum universalis philosophiae, ubi multa
adversus Aristotelem, Boetium, Porphyrium aliosque recentiores philo-
sophos acutissime disputantur. — 4°

(Ältere Auflage von Elegantissimum de passione domini opusculum, 248
Seite 49, Inc. 161) Jesuida Hieronimi de **Vallibus** Paduani. — 4°

Dye hymelisch Funtgrub von Johann von **Valtz**. — 4° 97

Marci Terentii **Varronis** Rerum rusticarum libri tres (Heraus- 429
gegeben von Georgius Alexandrinus). Bartholomaeus Bottonus alias
Bruschus Regiensis, 1482. Folio

Marci Terentii **Varronis** De lingua latina libri tres. — Analogiae 310
libri duo. Venetiis per Bernardinum de Cremona et Simonem de Lucro,
1490. Folio

Vegetius De re militari (Flavii Vegetii Renati epitoma institutorum 49
rei militaris ex commentariis Catonis, Celsi, Traiani, Hadriani et Frontini.
Herausgegeben von Jo. Sulpitius Verulanus). Romae impressum per
Eucharium Silber Alamannm, 1494. 4°

Deo auspice. Pro divo Maximi. Ro. Re. Sc. Au. Hieronymi **Vehi** 144
(vulgo Feus) adulescentuli Badensis Boëmicus Triumphus. Harmoniae
Udalrici Crantz organistae ex Frauenfeld. Hieronymi Vehi De tempore
vernali amoenissimo carmen. Ringmanni Philesii Vosegigenae elegi-
dion ad Caesarem Max. Argentinae, Joannes Grüninger. — 4°

Argumentum exorti inter **Venetorum** dominium ducemque Ferra- 179
riensem belli cansas exponens. — 4°

Sulpicii **Verulani** Grammatica. 1486. 4° 254

Breviarium praticae Reinaldi de **Villanova** a capite usque ad 338
plantam pedis cum capitulo generali de urinis et tractatu de omnibus
febribus, peste, epiala et liparia. — Folio

(Zweimal vorhanden, ein Exemplar in einem Bande, das andere 299
Exemplar in zwei Bänden) Sermones Sancti **Vincentii** fratris ordinis 231
praedicatorum de tempore (Pars hyemalis. Pars aestivalis). — Sermones 232
de sanctis per totius anni circulum. Impressi Nurenbergae per Anthonium
Koberger, 1492. Folio

Tractatus brevis omni statui christianae religionis perutilis Sancti 92
Vincentii doctoris eximii ordinis fratrum praedicatorum de interiori
homine informativus (De vita et instructione pie vivere in Christo et in
spirituali vita proficere volentium). Impressus Magdeborch arte Mauricii
Brandis, 1493. 4°

Speculum morale **Vincentii** Belvacensis. Impensisque et cura non 298
mediocri Hermanni Liechtenstein Coloniensis emendatione diligentissima
impressum, 1493.
Folio

Speculum doctrinale **Vincentii** Belvacensis episcopi. Impensis 298
non mediocribus, at cura sollertissima Hermanni Liechtenstein nec non
emendatione diligentissima impressum. 1494.
Folio

Publii **Virgilii** Maronis Opera cum Servii Mauri Honorati Grammatici, 188
Aelii Donati, Christophori Landini atque Domitii Calderini commentariis. —
Maphaei Veggii Laudensis liber tertius decimus, additus duodecim
Aeneidos libris. Alcini versus. Cornelii Galli versus. — P. V. Maronis
Hortulus. De vino et Venere. De livore. De cantu Syrenarum. Eiusdem.
De fortuna. De Orpheo. De se ipso. De aetatibus animalium. De ludo.
Monostica de aerumnis Herculis. Argumenta duodecim librorum Aeneidos.
De musarum iuventis. Epitaphia virorum illustrium. De speculo. Mira
Virgilii versus experientia. Mira Virgilii experientia. De quatuor temporibus
anni. De ortu solis. De Herculis laboribus. De littera Y. De signis
caelestibus. -- Versus Ovidii. Summa Virgilianae narrationis in tribus
operibus: Bucolicis, Georgicis et Aeneide. — P. V. Maronis Priapeia.
Elegia in Maecenatis obitu, quae dicitur Virgilii, cum non sit. P. V.
Maronis Coppa. Est et non. Vir bonus. Rosae. Ad Octavium Culex.
Dirae id est carmen exeeratorium ad Battarem. Aethna, quae a quibusdam
Cornelio tribuitur. Cyris ad Messalam. P. Virgilii Maronis Catalecton
(Priapus loquitur). Moretum. Impressum Venetiis per Bertolameum de
Zanis de Portesio, 1491.
Folio

P. **Virgilius** Maro (Dasselbe). Nurnbergae, impensis Anthonii 190
Koberger, 1492.
Folio

L. **Vitruvii** Pollionis De architectura libri decem. — Sexti Julii 302
Frontini De aquis, quae in urbem influunt, libellus mirabilis. — Angeli
Politiani opusculum, quod Panepistemon inscribitur. — Angeli Politiani
in priora analytica praelectio, cui titulus est Lamia. Florentiae, 1496.
Folio

Quadragesimale Pauli **Wann**, doctoris sacrae theologiae in ecclesia 34
collegiata Pataviensi, notabile et magistrale de praeservatione hominis
a peccato per eundem ibidem ad populum praedicatum (Collecti sunt

sermones isti per Paulum Wann anno domini 1468 et finiti anno 1469, tunc Pataviae praedicatorem et ad populum per adventum et tempus sequens pronunciati). Impressum per Johannem Schopsser in Monaci. — 4°

Sermones de tempore in evangeliis (Sermones dominicales perutiles 45 tocius anni) magistri Pauli **Wann**. Impressi Pataviae per Johannem Petri, 1491. Folio

Magister Paulus **Wann** (Dasselbe). Expensis Johannis Rynman 287 diligenter revisi et impressi in imperiali oppido Hagenau per Henricum Gran, 1499. Folio

(Mit colorierten Holzschnitten) Das Buch der natürlichen **Weisz-** 128 **heit**. Dariun man vindet Aygenschafte und gut Sitten durch hüpsch Geleichnuß, Ebenpildung unnd Figuren genommen nund gezogen auß den Exemplen der Lerer. Augspurg, Anthonius Sorg, 1490. Folio

Sermones dominicales ex epistolis et evangeliis atque de sanctis 289 secundum ecclesiae ordinem **Wilhelmi***) Cancellarii Parisiensis. Expensis Friderici Meynberger et ductu magistri Johannis Otmar in Thubingu, 1499. Folio

Liber **Wilhelmi** episcopi Lugdunensis eximiique sacrae paginae 521 doctoris Parisiensis de fide et legibus ac fidei sacramentis tractatus docensque, qualiter ad bene religiose perfecteque vivendum continuis etiam semper agendum profectibus. — Folio

Jacobi **Wimphelingi** Sletstattensis Elegantiarum medulla oritoriaque 50 praecepta. In ordinem inventum facilem copiose clare breviterque reducta. — 4°

Wolfram von Eschenbach. Partzifal — Tyturell. 1477. Folio 263

(Der Statt **Wormbs** Reformation) Reformation der Stat Wormbs, 288 Recht, Gesetze, Ordenung und Statuta zu Lobe des almechtigen Got, zu behalten Friden und Einigkeit, zu Furdernus Rechts und Merung gemeines Nutzs getruwer guter Meynung durch einen erbarn Rat egemelter Stat Wormbs furgenommen, auch zu Notdurfft des gemeinen Volck vor Zweytrecht, Irrthum, Kriegen, Kosten und Scheden zu verhuten ingesetzt, eroffenet und ußgangen in dem Jare nach Christi unsers lieben Herrn

---

*) Siehe auch **Guillermi** Parisiensis Postilla auf Seite 47, Inc. 208 und 29, ferner Rethorica divina auf Seite 47, Inc. 323 und 472.

Gepurt tusent vierhundert nuntzig und acht. Nachmals zu trucken angebben und vollendet in dem nunundnuntzigisten uff Montage nach dem Sontag Trinitatis. Folio

(Zweimal vorhanden) Niclas von **Wyle**, Translationes. — 4° 44
270

Francisci **Zabarellae** super Clementinis lectura. Impressa Thaurini 285
per Nicolaum de Benedictis et Jacobinum Snignm de Sanctogermano,
1492. Folio

Francisci Cardinalis **Zabarellae** Commentarii in Clementinarum 284
volumen. Cum annotationibus et additionibus Philippi Franchi de Perusia
et Nicolai Superantii. Venetiis per Bernardinum Benalium, 1499. Folio

Introductorium de principiis indiciorum **Zahelis** Ysmaelitae (De 106
interrogationibus). — Liber de electionibus. — De significatione temporis
ad indicia. Venetiis per Bonetum Locatellum impensis Octaviani Scoti
civis Modoetiensis. 1493. Folio

Contrarietates seu diversitates inter ius civile et canonicum, sparsae 276
per totum corpus utriusque iuris. Et casus conscientiales positi in repetitione
c. primi de accusationibus per Hieronimum de **Zanitinis** in
clarissimo studio Bononiensi publice legentem. Quas accuratissimo omnique
solertia impressit Plato de Benedictis, impressor Bonon. anno
1490. Folio

Liber **Zoar** de cura lapidis. Venetiis per Johannem Hertçog de 99
Landoia Alamanum, 1500. Folio

Tractatulus Gerardi **Zutphaniae** de spiritualibus ascensionibus. — 7
De quatuor, in quibus incipientes domino servire debent esse cauti, si
proficere volunt. Impressum Coloniae infra sedecim domos. — 8°

Ergänzungen, Nachträge und Berichtigungen.

Seite 3, Inc. 48. Bei „Liber Abraham Judaei (**Aben Esra**) de nativitatibus" kommt hinzuzufügen: Venetiis, Erhardus Ratdolt, 1485.

Seite 4, zwischen **Aequivoca** und **Aesopus** kommt einzuschalten: Opusculum repertorii pronosticon in mutationes **aëris** tam via 48 astrologica quam metheorologica, uti sapientes experientia comperientes voluerunt, perquam utilissime ordinatum. Erhardus Ratdolt de Augusta, 1485. 4°

Seite 6, zwischen **Alexander** und **Alfarabius**:
Alexandri pueri Senensis multorum nostri temporis poëtarum 65 epigrammata. — 4°

Seite 7, zwischen **Andreae** und **Angeli** de Aichach:
(Mit bildlichen Darstellungen des Arbor consanguincitatis und des 615 Arbor affinitatis) Lectura super arboribus consanguincitatis et affinitatis Johannis **Andreae**. — Folio

Seite 7, Inc. 372 bis 375 und Inc. 376. Zur „Summa fratris **Anthonini** de Florentia" kommt zu bemerken, daß sie mit prachtvollen Initialen ausgestattet ist. Ferner kommen umzustellen „Opus excellentissimum trium partium historialium etc." (Inc. 81) und „Summa fratris Anthonini de Florentia etc." (Inc. 376).

Seite 7 unten, nach „Devotissimus trialogus beati **Antonini** etc." kommt einzuschalten:
Confessionale **Antonini** archiepiscopi Florentini (Summula con- 462 fessionis utilissima, in qua agitur, quomodo se habere debeat confessor erga poenitentem in confessionibus audiendis, quam edidit frater Antoninus archiepiscopus Florentinus). Argentinae per Martinum Flach, 1496. 4°

Seite 8, zwischen **Apuleius** und **Aretino**:
(Dreimal vorhanden mit Abbildungen der Sternbilder) Fragmentum 86
Arati Phaenomenon per Germanicum in latinum conversi cum commento 87

nuper in Sicilia reperto. — Fragmentum Arati Phaenomenon M. Tulio 467
Cicerone interprete. — Arati Phaenomena Rufo Festo Avienio para-
phraste. — Ἀράτου Σολέως Φαινόμενα μετὰ σχολίων (Arati Solensis Phaenomena cum commentariis. Τὰ τοῦ Ἀράτου Φαινόμενα καὶ Διοσημεῖα καὶ
τὰ τοῦ Θέωνος σχόλια). Venetiis cura et diligentia Aldi Manutii Romani,
1499. Folio

Seite 12 oben, vor **Astensis**:
(Zweimal vorhanden) Pars Q. **Asconii** Pediani, cura et diligentia 95
Pogii Florentini reperta in monasterio Sancti Galli prope Constantiam XX 294
millibus passuum et ab ipsius Pogii exemplaribus a me A. Ju. trans-
scripta. Ae Venetiis per Johannem de Colonia sociumque eius Johannem
Manthen de Gerretzem impressa. — Georgii Trabezuntii De artificio
Ciceronianae orationis pro Quinto Ligario. — Antonii Luschi Vicentini
Inquisitio super XI orationes Ciceronis. — Nichonis Polentoni argumenta
super aliquot orationibus et invectivis Ciceronis (Herausgegeben von
Hieronymus Squarzaficus Alexandrinus). — Folio

Seite 12, zwischen **Astensis** und **Augustinus**:
(Spätere Auflage von „Canones poenitentiales etc." Seite 12, Inc. 498
419) Canones poenitentiales extracti de verbo ad verbum de Summa
fratris **Astensis** ordinis minorum lib. V. titulo XXXII. 1478. Folio

Seite 12, zwischen **Augustinus** und Quiricus de **Augustis**:
Logica beati **Augustini**. Eiusdem Praedicamenta. Topica. Peri- 520
hermenias. — 4°

Seite 12, zwischen Nicolaus de **Ausmo** und **Avenzohar**:
(Spätere Auflage von „Nicolaus de **Ausmo**, Supplementum" 498
Seite 12, Inc. 419). Nicolaus de **Ausmo**. Liber, qui dicitur Supplementum
(Opus insigne Summa Magistratia, alias Pisanella vulgariter appellatum).
Per Antonium Koburger Nurnbergae oppidi incolam, 1478. Folio

Seite 15 oben, vor **Baptista** Mantuanus:
Magister Johannes **Baptista** artium et medicinae doctor. Liber de 253
confutatione Hebraicae sectae. Ex officina Martini Flach civis Argenti-
nensis. 1500. 4°

Seite 16. Inc. 455. Bei „Sancti **Basilii** De liberalibus studiis etc."
soll es statt „Oratio de individia" heißen: „de invidia."

Seite 16. Inc. 35 und 90. Jacob von **Therams** ist der Verfasser
des Buches „Von der rechtlichen Überwindung Cristi wyder Sathan

den Fürsten der Hölle (Buch **Belial**)." Davon eine ältere Auflage (1472) auf Seite 86, Inc. 300 (Eyn gutt nuczlich Buch von der rechtlichen Überwündung Cristi wider Sathan etc.)

Seite 17 oben, vor **Bercharius** kommen einzuschalten:

a) Aurea ad omnesque aegritudines **Bentii** Ugonis Senensis saluberrima consilia additis multis prius impressis eiusdem Ugonis nuper inventis nonnullisque aliis utilissimis consiliis (Herausgegeben von Johannes Tollentinus Veronensis). Impressa Papiae expensis Francisci de Nebiis de Burgo Francho. — Folio   82

b) Subtilis quaestio **Bentii** Ugonis Senensis de malitia complexionis diversae. — Folio   82

Seite 17, zwischen **Beroaldus** und **Bertoldus**:

(In drei Bänden) Repertorium aureum Johannis **Bertachini** de Firmo (Firmani) advocati consistorialis cum additionibus. Quod quidem repertorium cunctis mendis et erroribus summa cum diligentia imperrime castigatum deo duce luculentam atque expeditam veritatem, quam non nisi cum magno labore attingere poterant, cunctis lectoribus exhibet. Omnes enim suiipsius repertorii in se remissiones, quae tum falsissimae, tum prorsus confusae ubique reperiebantur, ad unam veritatis concordiam et consonantiam iuxta ipsius autoris mentem redactas habet et numeros versiculorum ad faciliorem expeditionem in margine signatos continet. 1499. Folio   523 524 525

Seite 19. „**Vetus ac Novum Testamentum,** 1482" (Inc. 119 und 412) kommt hinauf zu stellen vor „Heylige Geschrift, genant dy **Bibel,** 1483" (Inc. 362 bis 364, 445 und 446).

Seite 19, zwischen „**Biblia,** 1486" (Inc. 112) und „Liber Vitae, **Biblia** cum tabula alphabetica etc., 1490" (Inc. 26) kommt einzuschalten: **Biblia.** 1489. Folio 118

Seite 20, Inc. 158. „Epithoma expositionis canonis missae magistri Gabrielis **Biel**" ist zu vergleichen mit „Lectura super canone **Missae** in alma universitate Tuwigensi ordinarie lecta." Seite 64, Inc. 239.

Seite 20, Inc. 266. **Blondi** Flavii Forliviensis Italia illustrata. Der Drucker dieses Buches ist Boninus de Boniniis de Ragusa.

Seite 21, zwischen **Bollanus** und **Bonaventura** kommt einzuschalten:

(Mit sehr vielen Holzschnitten) Guido **Bonatus** de Forlivio, Decem 159
continens tractatus astronomiae (Liber introductorius ad indicia stellarum
et est non solum introductorius ad indicia, sed est iudiciorum astronomiae,
editus a Guidone Bonato de Forlivio de provincia Romandiolae Italiae.
Et collegit in eo ex dictis philosophorum ea, quae visa sunt sibi fore
utilia ad introducendum volentes intendere iudiciis astrorum et ea, quae
videbantur competere volentibus iudicare secundum significationes stellarum et ad alia quaedam ipsis iudiciis pertinentia). Johannis Angeli
diligenti correctione. Erhardus Ratdolt, Augustae Vindelicorum, 1491. 4°

Seite 22, zwischen **Bonetus** und **Bonifacius VIII.**:
Bonifacius VIII. Sexti Decretalium praeclarum opus. Per Leonhardum Pflugk et Georgium Lauer Romae impressum 1472.   Folio   527

Seite 22, zwischen „**Bonifacius** VIII, Liber Sextus Decretalium,
1482" (Inc. 277) und „**Bonifacius** VIII. Sextus liber Decretalium, 1486"
(Inc. 437):
Liber Sextus Decretalium **Bonifacii** Papae VIII. Una cum apparatu 473
Johannis Andreae. Impensis Anthonii Koburger, Nurenbergae, 1482. Folio

Seite 22, zwischen **Brack** und **Brant**:
(Mit Holzschnitten) Sand **Brandons** Buch was er Wunders er- 518
faren hat. —   Folio

Seite 23, Inc. 32. **Breviarium** divinorum officiorum secundum
ordinationem sanctae ecclesiae Patavinae. Davon eine ältere Auflage
(**Diurnale** tocius anni etc., 1494) auf Seite 36, Inc. 5. — Ferner eine
noch ältere Auflage (**Psalterium** et Breviarium etc., 1490) auf Seite
76, Inc. 149.

Seite 24, zwischen de **Burgo** und de **Butrio** kommen einzuschalten:
a) (Liber de vita et moribus philosophorum) Walteri **Burley** 521
Anglici In vitas philosophorum.*) —   Folio

b) Defensorium Montis Pietatis contra figmenta omnia aemulae 520
falsitatis, Bernardinus de **Bustis** de Mediolano. —   4°

Seite 28, Inc 266. Bei „Valerii **Catulli** Veronensis libellus" kommt
hinzuzufügen: (Mit einer kurzen Lebensbeschreibung des Dichters von
Hieronymus Alexandrinus). Regii Lepidi auctoribus Prospero Odoardo
et Alberto Mazali Regiensibus, 1481.

---

*) Dasselbe in deutscher Sprache, gegen den Schluß hin mit einigen
Änderungen (Das Buch von dem Leben und Sitten der heydnischen **Meister**),
Seite 62, Inc. 51.

Seite 32, zwischen **Clavasius** und **Clemens V.** kommt einzuschalten:
Clementis Quinti Constitutionum opus. Per Leonhardum Pflugk 527
et Georgium Lauer Romae impressum 1473. Folio

Seite 34, vor „Büchlin **Danielis**":
a) Amphorismi Johannis **Damasceni**. Bononiae impensa Benedicti 60
Hectoris librarii, cura vero Platonis de Benedictis stampatoris acuratissimi. — 4°

b) Johannes **Damascenus** (Dasselbe). Venetiis per Johannem 90
Hertçog de Landoia Alamanum, 1500. Folio·

Seite 35 oben, vor **Decretorum** codex:
Praeceptorium perutile, in quo decem sermonibus materia pul- 92
cerrimis autoritatibus fulcita pro unoquoque praeceptorum **Decalogi**
praedicabilis compendiose perstringitur. — 4°

Seite 36, Inc. 5. In der Fußnote soll es heißen: „Seite 23, Inc.
32." — Ferner kommt hinzuzufügen: Davon eine noch ältere Auflage
(**Psalterium** et Breviarium etc., 1490) auf Seite 76, Inc. 149.

Seite 38, Inc. 455 soll es nicht „**Epitecti**", sondern „**Epicteti**" heißen.

Seite 38, zwischen **Epictetus** und **Eschcuidus** kommt einzuschalten:
(Mit Holzschnitten) Ain hüpsche liepliche Historie ains edeln Fürsten 518
Hertzog **Ernst** von Bairen und von Österich. — Folio

Seite 39, Inc. 145 und 336. Bei „**Eusebii** Caesariensis episcopi
Chronicon" kommt vor den Druckdaten einzuschieben: (Herausgegeben
von C. Joannes Lucilius Hippodamus Helbronensis).

Seite 40, Inc. 156. Bei „Jacobi **Fabri** Stapulensis Ars moralis
Aristotelis introductoria" kommt hinzuzufügen: Parisii, 1494.

Seite 41, zwischen **Ficinus** und **Firmicus** kommt einzuschalten:
(Zweimal vorhanden) Marsilii **Ficini** Florentini Liber de cristiana 94
religione. — 4° 504

Seite 42, zwischen de **Forlivio** und **Formulae**:
a) Quaestiones Jacobi de **Forlivio** (Forliviensis) super duas primas 82
fen primi canonis Abin Haly Abinsceni. Noviter correctae diligentissi-

meque emendatae per Hieronymum Surianum filium Jacobi Suriani de Arimino. Venetiis impensis Octaviani Scoti civis Modoetiensis arte Boneti de Locatellis Bergomensis, 1495. Folio

b) Expositio Jacobi de **Forlivio** super primo canonis Avicennae cum quaestionibus eiusdem (Herausgegeben von Hieronymus Surianus Venetus). — Folio 82

Seite 42, Inc. 52. **Formulae** (epistolarum), 1490. Davon eine spätere Auflage: Formulae epistolarum Karoli **Mennigken**, 1493. Seite 62, Inc. 144.

Seite 45, zwischen de **Gonda** und de **Gordonio** kommt einzuschalten:
(Ältere Auflage von „Expositio misteriorum missae etc." auf Seite 45, Inc. 92) Expositio misteriorum missae et verus modus rite celebrandi (Tractatus de expositione missae. Editus a fratre Guilhelmo de **Gonda**). Sequuntur devotissimae orationes ante missam a sacerdote dicendae, primo oratio sancti Martini Papae ante missam multum utilis. Item post missam pro vivis et defunctis oratio. — 4°   1

Seite 47. Zu den hier angeführten Werken **Guillermi** Parisiensis (Postilla, Inc. 208 und 29 — Rethorica divina, Inc. 323 und 472) kommt noch hinzu: Sermones dominicales etc. **Wilhelmi** Cancellarii Parisiensis. Seite 93, Inc. 289.

Seite 49, Inc. 161. Jesuida **Hieronimi** Paduani. Davon eine ältere Auflage: Jesuida Hieronimi de **Vallibus** Paduani. Seite 90, Inc. 248.

Seite 49, zwischen **Himelstraß** und **Hippocrates** kommt einzuschalten:
Opus artis medicinae nominatum Artisella **Hippocratis**, quam diligentissime accuratissimeque emendatum per Franciscum Argillagues de Valentia (Isagoge Johannitii ad Tegni Galieni primus liber medicinae.— Liber pulsuum Philareti. — Liber urinarum Theophili. — Hippocratis aphorismi in ordinem collecti. — Praefatio Constantini Aphricani Montis Cassianensis monachi ad Azonem vel Glauconem discipulum suum. Aphorismi Hippocratis cum commento Galieni. — Liber pronosticorum Hippocratis divisus in tres particulas. — Liber de regimine acutorum morborum Hippocratis cum commento Galieni. — Liber epidimiarum Hippocratis et commentaria Johannis Alexandrini solius medici et sophistae super epidimias easdem. — Liber Hippocratis de natura puerorum vel de natura fetus aut de natura embryonis, idem enim sunt. 132

Translatus de graeco in latinum a Bartolomaeo de Mesina Siculo, emendatus per Franciscum Argilagnes de Valentia. — Galieni principis medicorum Microtegni libri tres cum commento Hali Rodoham sive Ars parva. — Libellus Gentilis de Fulgineo de divisione librorum Galieni. — Liber Hippocratis de lege, qui Introductorius dicitur, traductus per Arnaldum de Villanova de graeco in latinum — Hippocratis iusiurandum in cuiusdam sui libri principio inventum et e graeco in latinum conversum per Petrum Paulum Vergerium Faciatum). Impressum Venetiis summa cura ac sollicitudine Hermanni Lichtenstein Coloniensis, 1483. Folio

Seite 49, zwischen **Hippocrates** und **Historia** septem sapientum Romae:
a) Pronostica Ypocratis (**Hippocratis**), quae fuerunt inventa in suo sepulchro in capsa eburnea. Bononiae impensa Benedicti Hectoris librarii, cura vero Platonis de Benedictis stampatoris acuratissimi. — 4°   60

b) Liber secretorum **Hippocratis**. Liber pronosticationum secundum lunam in signis et aspectu planetarum. Liber qui dicitur Capsula Eburnea. Liber de elementis sive de humana natura. Liber de aëre et aqua et regionibus. Liber de pharmaciis. Liber de insomniis. Venetiis per Johannem Hertçog de Landoia Alamannm, 1500.   Folio   99

Seite 49, Inc. 96. **Historia** septem sapientum Romae. Hier kommt vor den Druckdaten einzuschieben: Contexens narrationes iocundissimas lectorem maximopere delectantes, per quas astus ac calliditas dolositasque mulierum luculentissime dinoscitur.

Seite 50 unten, nach **Iginius** kommt einzuschalten:
Immunitatis et libertatis ecclesiasticae statusque sacerdotalis defensio. —   4°   91

Seite 52, Inc. 328 soll es heißen: Summa **Johannis** von Freyburg.

Seite 52, zwischen **Johannes** Carthusiensis und **Johannes** de Turrecremata kommt einzuschalten:
(Als zweites vorhandenes Exemplar) **Johannes** Carthusiensis ordinis. Nosce te. Corona senum. De immensa charitate dei. De humilitate interioris et patientia vera. Libellus in praeparatione infirmorum et in dispositione morientium, qui Flos Vitae interpretatur. —   4°   64

Seite 52, zwischen **Johannes** de Turrecremata und **Josephus Flavius**:

Contemplationes devotissimae per **Johannem** de Turrecremata 521
editae atque in parietibus circuitus Marine Minervae nedum literarum
caracteribus, verum etiam ymaginum figuris ornatissime descriptae atque
depictae. — Folio

Seite 53, Inc. 293. Liber plurimorum tractatuum **iuris**. Naeb
„Introductio procurationis" ist der fehlende Punkt einzusetzen.

Seite 53. „**Jus** curiae Romanae" ist nicht Inc. 493, sondern Inc. 522.

Seite 58, Zeile 3 von unten soll es nicht „ab Francisco Appellato
Patavo", sondern „ab Francisco appellato Patavo" heißen.

Seite 61 oben, Inc. 86, 87 und 467 soll es nicht „Marcus", sondern
„Marci **Manilii**" heißen.

Seite 61, zwischen **Manilius** und de **Manliis** kommen einzuschalten:

a) **Manipulus** curatorum (Der Verfasser ist Guido de Monte 526
Rotherii; gewidmet ist das Buch „Reverendo in Christo patri ac domino
Raymundo divina providentia sanctae Valenciae episcopo"). — Folio

b) (Dasselbe; scheint eine spätere, verbesserte Auflage zu sein und 3
ist gewidmet „Reverendo in Christo patri ac domino Richardo divina
providentia sanctae Valentinae sedis episcopo"). **Manipulus** curatorum
officia sacerdotum secundum ordinem septem sacramentorum perbreviter
complectens (Guidonis de Monte Rotherii Liber, qui Manipulus curatorum vulgariter appellatur, in quo pernecessaria officia eorum, quibus
cura animarum commissa est, secundum septem sacramentorum ordinem
breviter pertractantur). Argentinae, 1499. 4°

Seite 61, zwischen **Maria** und **Martinus**:
(Mit zahlreichen Holzschnitten) Defensorium inviolatae perpetuaeque 1
virginitatis castissimae dei genitricis **Mariae**. — 4°

Seite 61, Inc. 307. Bei „Repetitio l. filium quem habentem etc."
soll es nicht „de **Mathesilanum**", sondern „de **Mathesilanis**" heißen.

Seite 62, Inc. 51. Das Buch von dem Leben und Sitten der heydnischen **Meister**. Dasselbe in lateinischer Sprache, gegen den Schluß
hin mit einigen Änderungen (Walteri **Burley** Anglici In vitas philosophorum). Seite 98, Inc. 521.

Seite 62, Inc. 144. Formulae epistolarum Karoli **Mennigken**, 1493. Davon eine ältere Auflage: **Formulae** (epistolarum), 1490. Seite 42, Inc. 52.

Seite 64, zwischen **Michael** de Mediolano und **Minoriten** kommt einzuschalten:
(Dasselbe wie das Folgende) Nähere Daten fehlen. Ein päpstliches 527 Breve betreffend die Ordensregeln der **Minoriten**. — Folio

Seite 64, Inc. 239. „Lectura super canone **Missae** in alma universitate Tuwigensi ordinarie lecta" ist zu vergleichen mit „Epithoma expositionis canonis missae magistri Gabrielis **Biel**. Seite 20, Inc. 158.

Seite 68, Inc. 49. „**Onosander**, De optimo imperatore eiusque officio" kommt zwischen **Omnibonus** und **Orosius** zu stellen.

Seite 69, Inc. 151. Ars Tulliano more epistolandi Jacobi P. Davon eine ältere Auflage (1485): Dicendi scribendique breves rationes nec non et aptas optimo cuique viro titulus (verfasst von Jacobus **Publicius** Florentinus). Seite 77, Inc. 168.

Seite 75, Inc. 266. **Propertii** Aurelii Nautae Libri quatuor. Bei den Druckdaten fällt das Wort „Opera" weg.

Seite 78, zwischen **Rasis** und „von Ordnung ze **reden**" kommen einzuschalten:
a) Breviarium iuxta usum almae ecclesiae **Ratisponensis**. Bene 61 revisum ac fideli studio emendatum. Impressum Augustae arte et impensis Erhardi Ratdolt, 1487. 8°

b) Summula **Raymundi** demum revisa ac castigatissime correcta, 3 brevissimo compendio sacramentorum alta complectens mysteria. De sortilegis, symonia, furto, rapina, usura atque variis casibus (quae in plurimis iuris codicum voluminibus confusa indistinctaque multiplicatione disperguntur) resolutiones abunde tradens. Pastoribus, sacerdotibus omnibusque personis divino caractere insignitis summe necessaria. Coloniae impensis Henrici Quentell, 1500. 4°

Seite 84, zwischen **Spiera** und **Strabo**:
Stella clericorum cuilibet clerico summe necessaria. — 4° 1

Seite 85, Inc. 272. Bei „Alexandri **Tartagni** Imolensis Consilia" fällt nach „Henrici de Colonia Bon." der Beistrich weg.

Seite 87, Inc. 266. Albii **Tibulli** Libri quatuor. Bei den Druckdaten fällt das Wort „Opera" weg.

Endlich Seite 3, Inc. 406 und 109. Formularium Advocatorum. Bei den Druckdaten soll es zwischen den Jahreszahlen 1489 und 1493 nicht „und", sondern „et" heißen.

Übersicht.

Es enthält somit die Fideicommiss-Bibliothek des Fürsten Dietrichstein auf Schloß Nikolsburg 783 Incunabeln (in 527 Bänden). Hinsichtlich der Daten ihres Druckes (Jahr, Ort und Drucker) verteilen sich diese Incunabeln*) in nachstehender Weise.

1462, Bononia, Dominicus de Lapis civis Bononiensis. 76**)

1462, Mainz, Fust und Schöffer. 18

1465, In venerabili monasterio Sublacensi. 57

1470 -1476, Mediolanum, Christoph. Valdarpher Ratisp. 30, 72

1470 –1477, Venetiae, Nicolaus Jenson Gallicus. 3, 12, 30, 35, 66

1471, Johannes Schüßler civis Augustensis. 34

1472 -1478, Augsburg, Johannes Bämler. 52, 62, 68, 70

1472, In urbe Maguntina per Petrum Schoiffer de Gernßhem. 18

---

*) Mit Wegfall derjenigen Incunabeln, bei welchen die Daten ihres Druckes nicht angegeben sind. Bei dieser Gelegenheit erlaube ich mir zu bemerken, daß mir in dem Orte, in welchem ich mich gegenwärtig aufhalte, für die Fertigstellung dieser Übersicht wie überhaupt für die Zusammenstellung des ganzen Incunabelnkataloges gar **keine Hilfswerke zur Verfügung** standen.

**) Seite.

1472—1475, Nürnberg, Johannes Sensenschmid (zuerst allein, später in Gesellschaft mit Andreas Frisner de Bunsiedel). 12, 39

1472—1476, Roma, Leonhardus Pflugk et Georgius Lauer de Herbipoli, später der Letztgenannte allein. 7, 98, 99

1472, Roma, Adam Rot Meten. dioc. clericus. 30, 83

1472, Ginther Zeiner aus Reutlingen. 86

1472, ohne weitere Angaben. 12

1473—1478, Mediolanum, Philippus de Lavagna Mediolanensis. 13, 25

1473—1483, Nürnberg, Friedrich Creußner. 7, 28, 29, 74, 87

1473, Padua, Leonhardus Aurl (von Basel). 39, 74

1473—1487, Venetiae, Franciscus de Hailbrun et Nicolaus de Frankfordia, später der Letztgenannte allein. 18, 58, 64

1474—1481, Mediolanum, Antonius Zarotus Parmensis (opera et impendio Johannis Legnani). 34, 55, 71, 73, 77

1474, Patavium. 68

1474, Roma, Johannes Reinhardus. 58

1474—1482, Ulm, Johannes Zeiner aus Reutlingen. 5, 6, 18, 37, 48

1474—1481, Venetiae, Johannes de Colonia Agrippinensi sociusque eius Johannes Manthen de Gherretzen (später der Erstgenannte in Gesellschaft mit anderen). 8, 14, 26, 51, 57, 73, 86, 96

1474, ohne weitere Angaben. 26, 37, 46, 73

1475, Mantua, Johannes Schallus. 82

1475—1499, Nürnberg, Anton Koberger. 7, 15, 17 bis 19, 21, 24, 29, 32, 36, 41, 42, 46 bis 49, 51, 55, 59, 60, 70, 73, 75, 81, 83, 91, 92, 96, 98

1475, Tarvisium, G. F. 73

1475—1500, Venetiae. 19, 26, 31, 36, 39, 68, 74, 84, 89, 90

1476, Patavium, Johannes Herbort (qui Magnus nomine dictus erat). 13

1476, Placentia. 73

1476, Venetiae, Antonius Bartholomaeus. 48

1476 et 1477, Venetiae, Andreas Jacobi Catharensis. 35, 74, 85

1476, Vinegia, Jacomo de Rossi di natione Gallo. 8, 75

1476, Venetiae, Vendelinus de Spira. 84

1476—1480, Verona, Petrus Maufer Normanus Rothomagens. civis (Gallicus). 52, 65

1476, ohne weitere Angaben. 18, 65

1477—1490, Augsburg, Antonius Sorg. 4, 18, 49, 62, 69, 74, 80, 88, 93

1477—1482, Basel, Bernhard Richel. 17, 18, 50

1477, Eßling, Couradus Feyner von Gerhausen. 83

1477—1494, Köln, Johann Koelhoff von Lubeck. 11, 33, 47, 49, 57, 66, 86

1477, Venetiae, Guerinus. 59

1477, Venetiae, Bernardus Pictor et Erhardus Ratdolt de Augusta una cum Petro Loslein de Langencen correctore ac socio. 8, 29

1477, Venetiae, Adam de Rodveil. 84

1477, ohne weitere Angaben. 44, 93

1478—1500, Argentina. 3, 17, 19, 21, 33, 34, 36, 46, 47, 50 bis 53, 61, 83, 84, 87, 102

1478—1494, Venetiae, Christophorus Arnoldus de Colonia. 51, 84

1478, Venetiae, Gabriel Petri. 62

1478—1480, Venetiae, Philippus Petri (condam Petri). 55, 81, 84

1478 et 1479, Venetiae, Theodoricus Reynsburch et Reynaldus de Noviniagio Teutonici ac socii, später der Letztgenannte allein. 18, 63, 83

1478, ohne weitere Angaben. 47, 96

1479, ohne weitere Angaben. 42, 53

1480, Neapolis, Franciscus de Tuppo Parthenopaeus. 45

1480, In gymnasio Patavino. 6

1480, Tarvisium, Bernardinus Celerius de Luere. 35

1480—1483, Tarvisium, Johannes (Vercellius) Vercellensis (Francisco Madio autore). 74, 82, 84, 85

1480—1485, Venetiae, Erhardus Ratdolt de Augusta. 3, 6, 16, 38 bis 40, 50, 62, 76, 78, 81, 95, 98

1480, Vicentia, Hermannus Coloniensis Lichtenstein (Levilapis). 69

1480, ohne weitere Angaben. 50

1481, Johannes Guldenschaeff civis Colon. 49

1481, Nürnberg, Konrad Zeniger. 23, 89

1481, Regium Lepidi, auctoribus Prospero Odoardo et Alberto Mazali Regiensibus. 75, 87, 98

1481 et 1482, Regium, Bartholomaeus Bottona (Bottonns) alias Bruschus Regiensis. 20, 33, 70, 91

1481, Rozatok, Fratres communis vitae ad sanctum Michaelem. 17

1481, Venetine, Lucas. 90

1481—1488, Venetiae, Antonius de Strata Cremonensis. 31, 52, 80, 86, 87

1481 et 1482, Venetine, Philippus Venetus. 6, 9

1481 et 1482, Verona, Boninus de Boninis de Ragusa. 20, 97

1482—1500, Augsburg, Johannes Schönsperger. 16, 22, 47, 53, 62

1482—1493, Basel. 3, 46, 53, 68

1482—1493, Florentia, Antonius Miscominus. 41, 59, 74

1482—1484, Mediolanum, Johannes Antonius de Honate (impensis Petri Antonii de Castelliono et Ambrosii de Caymis Mediolanensium). 22, 32, 53, 54

1482—1484, Padua, Matthaeus Cerdonis de Windischgraetz. 4, 8, 66

1482, Papia, Julianus de Zerbo. 40

1482, Ulm, Leonardus Hol. 76

1482—1499, Venetine, Johannes Herbort de Selgenstat Alemanus (dictus Magnus). Zuerst allein, später in Gesellschaft mit Bernardinus Stagninus de Tridino ex Monteferrato, noch später der Letztgenannte allein. 8, 15, 19, 35, 37, 42, 53, 85, 87

1482, Verona. 20

1482, ohne weitere Augaben. 19, 39

1483, In studio Bononiensi, Henricus de Colonia. 85

1483, Petrus Drach civis Spiren. 49

1483, Lovanium. 90

1483, Padua. 43, 75

1483, Tarvisium, Bartholomaeus Confaloncrius de Salodio. 86

1483 1496, Venetiae, Johannes de Gregoriis de Forlivio (Forliviensis) in Gesellschaft mit Jacobus Brixiensis, später mit seinem Bruder Gregorius de Gregoriis, dann der Letztgenannte allein. 5, 11 bis 13, 20, 21, 31, 43, 50, 56, 71

1483—1494, Venetiae, Hermannus Lichtenstein Coloniensis. 88, 92, 101

1483—1490, Venetiae, Octavianus Scotus Modoetiensis. 7, 20, 35, 68

1483—1493, Venetiae, Andreas de Thoresanis de Asula in Gesellschaft mit Bartholomaeus Alexandrinus, später allein. 9, 10, 34, 36

1483—1499, Venetiae, Baptista de Tortis. 13, 16, 22, 31 bis 33, 35, 39, 45, 46, 53, 54

1483, Vincentia, Dionysius Bertochus. 3

1484, Augsburg. 16

1484, Augsburg, Anna Rügerin. 80

1484, Leipzig, Marcus Brand. 6

1484, Reutlingen. 21

1484, Venetiae, Andreas de Socciis Parmensis. 53

1484, Winterberg, Johannes Alacraw. 5, 12

1484, ohne weitere Angaben. 18, 32, 52

1485—1496, Augsburg, Erhardus Ratdolt Augustensis. 7, 36, 42, 44, 49, 68, 76 bis 79, 103

1485—1487, Dionysius (Bertochus?) in Gesellschaft mit Peregrinus (de Pasqualibus?), später allein. 44, 82

1485, Brixia, Boninus de Boninis de Ragusa (correctore Marco Scaramucino de Palatiolo). 44, 74

1485, Ferraria, Andreas Gallus. 82

1485, Papia. 33

1485 et 1486, Venetiae, Audreas de Bonetis de Papia. 22, 27, 32

1485, Vincentia, Henricus Librarius. 67

1486, Antwerpen, Gerardus Leeu. 71

1486, Michael Gryff civis Rutlingensis. 87

1486, Mainz, Erhard Rewich von Utrecht. 23

1486—1488, Reutlingen, Johannes Otmar. 64, 71

1486—1491, Venetiae, Gullielmus de Tridino ex Monteferrato (cognomento Animamia). 52, 79, 81

1486, Verona, Paulus Fridenperger (qui genitus est in Patavia). 60

1486, ohne weitere Angaben. 19, 42, 91

1487, Bononia, Henricus de Harlem (Haerlem) et Johannes Walbeeck socii. 82

1487—1491, Venetiae, Bartholomaeus de Zanis de Portesio. 26, 92

1487, ohne weitere Angaben. 6, 56

1488—1500, Argentina, Martinus Flach. 88, 95, 96

1488—1497, Basel, Nicolaus Kesler. 15, 17, 37, 49, 87

1488, Brünn. 50)

1488—1500, Paris, Johannes Higman zuerst allein, später in Gesellschaft mit Wolgangus Hopilius, dann der Letztgenannte allein. 10, 39, 40

1488, Ulm, Konrad Dinckmut. 52

1488, Venetiae, Andreas de Paltasichis Catharensis. 88

1488, Venetiae, impendio Andreno Calabren. Papia. 66

1488, ohne weitere Angaben. 44, 79

1489—1491, Basel, Johann von Amerbach. 12, 28, 33, 72, 73

1489—1500, Bononia, Benedictus Hectoris in Gesellschaft mit Plato de Benedictis, später allein. 8, 15, 17, 60, 72, 73, 77, 82, 94, 99, 101

1489—1500, Colonia. 4, 6, 15

1489—1499, Hagenau, Henricus Grau zuerst allein, dann in Gesellschaft mit Johannes Rynman. 20, 43, 85, 93

1489—1494, Leipzig, Martin Landßperg von Würzburg. 36, 42

1489—1496, Venetiae, Georgius de Arrivabenis Mantuanus. 5, 27, 32, 49, 88

1489—1493, Venetiae, Dionysius de Berthochis Bononiensis zuerst allein, dann in Gesellschaft mit Gabriel Fixicus Brixiensis. 13, 24, 67

1489—1493, Venetiae, Peregrinus de Pasqualibus Bononiensis. 45, 58, 63

1489, Venetiae, Johannes Lucilius Santritter Helbronensis Germanus impensis Francisci Bolani. 38

1489, ohne weitere Angaben. 4, 43, 97

1490, Lugduunm, Mathias Huß Alemannus. 85

1490—1499, Venetiae, Bernardinus Benalius Bergomensis zuerst allein, dann in Gesellschaft mit Matthaeus Capcasa Parmensis, zuletzt wieder allein. 27, 51, 71, 80, 94

1490, Venetiae, Bernardinus de Cremona et Simon de Luero. 41, 67, 83, 91

1490—1496, Venetiae, Philippus Pinzius de Cuneto Mantuanus 8, 25, 43, 51, 66, 72

1490, Venetiae, Joannes Rubeus de Vercellis. 26

1490, ohne weitere Angaben. 42*), 46, 60

1491, In urbe Basileorum, impensis Michaelis Wensler. 16

1491, Hagenau. 20

1491, Leipzig. 33

1491, Lugdunum, Antonius Lambillou et Marinus Sarazin socii. 83

1491—1494, Nürnberg. 21, 48

1491, Patavia, Johannes Petri. 93

1491, Venetiae, Maximus de Butricis Papiensis. 88

1491—1500, Venetiae, Johannes Hamman de Landoia Alamanns dictus Hertzog. 45, 60, 78, 79, 94, 99, 101

1491, Venetiae, Bernardinus de Novaria. 90

1491—1499, Venetiae, Hieronymus Paganinus de Paganinis Brixiensis. 19, 24, 45, 66, 70, 88

1491, ohne weitere Angaben. 4, 38

*) Statt „Karoli" wird es wohl „Karoli" heißen sollen. Der Verfasser des Buches ist Karolus Mennigken.

1492, Neapel, Elsario Ben Josef. 13

1492—1495, Senac, Henricus de Harlem (Haerlem). 15, 24, 25, 28, 61, 70, 71, 75, 81, 84, 89

1492, Taurinum, Nicolaus de Benedictis et Jacobinus Suigus de Sanctogermano. 94

1492—1494, Venetiae, Johannes de Cereto alias Tacuinus de Tridino. 31, 72, 81

1492, Venetiae, Lazarus de Saviliano. 69

1492, ohne weitere Angaben. 36, 75

1493—1499, Freiburg im Breisgau, Friedrich Riedrer. 67, 79

1493, Magdeburg, Mauricius Brandis. 91

1493 und 1494, Paris. 40, 48, 99

1493, Roma, Steffanus Plannck. 38

1493, Straßburg, Johannes Pruß. 23

1493—1496, Venetiae, Bonetus Locatellus (de Locatellis) Bergomensis (de Bergomo) impensis Octaviani Scoti civis Modoeticensis. 7, 14, 17, 42, 48, 61, 63, 70, 76, 94, 100

1493, ohne weitere Angaben. 4, 5, 11, 62

1494, Augsburg, Hans Schobsser. 16

1494, Daventria, Jacobus de Breda (Breyda). 28, 67

1494, Parma, Angelus Ugoletus Parmensis. 77

1494 et 1495, Roma, Eucharius Silber alias Franck Alamanus. 4, 26, 42, 64, 68, 91

1494—1498, Venetiae, Simon Bevilaqua Papiensis. 4, 41, 59, 90

1494, ohne weitere Angaben. 44, 71

1495 und 1496, Basel, Johannes Froben von Hammelburgk. 19, 48

1495, Venetiae, Joannes Emericus de Spira. 7

1496—1500, Argentina, Johannes Reinhardus cognomento Grüninger (Grnninger, Gürninger). 21 bis 24, 49, 59, 86, 91

1496 et 1497, Brixia, Bernardinus Misinta (de Misintis) Papiensis (de Papia). 15, 28

1496—1500, Colonia, Henricus Quentell. 4, 5, 59, 103

1496, Florentia. 92

1496—1498, Lugdunum, Johannes Trechsel Alemannus (nach dessen Tod Johannes Klein Alemannus). 14, 58

1496, Offenburg. 27

1496—1499, Venetiae, Christoforus de Pensis de Mandello (opera et impensis Octaviani Scoti). 69, 90

1497, Augsburg, Hans Schauer. 64

1497, Florentia, Johannes Petri de Maganza. 44

1497, Straßburg uff Grüneck, Bartholomaeus Küstler. 89

1497, ohne weitere Angaben. 16, 28, 33, 38, 60, 74

1498, Argentina, Georgius Hußner. 88

1498 und 1499, Augsburg, Hans Froschauer. 38, 43, 61

1498 und 1499, Basel, Johannes Bergman de Olpe. 15, 22

1498, Basel, Jacob von Pfortzen. 6

1498, Mediolanum, Uldericus Scinzenzeler (impensis Hieronymi de Asula nec non Joannis de Abbatibus Placentini). 8, 43

1498, Nürnberg, Caspar Hochfeder. 82

1498 und 1499, Johannes Pfeyl. 23

1498, Venetiae, Simon de Luere, impensis Andreae Torresani de Asula. 5

1499, Tübingen, expensis Friderici Meynberger et ductu magistri Johannis Otmar. 93

1499, Venetiae, Aldus Manutius Romanus. 41, 61, 75, 96

1499, In Venetiarum orbe, cura et impensis Johannis Petri Pataviensis actore Johanne Hertzog. 23

1499, Venetiae, Jo. Baptista Sessa. 45

1499, Nicolaus Wolf Lutriensis. 38

1499, Worms. 94

1499, ohne weitere Angaben. 22, 80, 97

1500, Leipzig, Melchior Lotter. 4

1500, Leipzig, Wolfgangus Steckel Monacensis (de Monaco). 50

1500, Mutina, Dionysius Berthocus. 27

1500. Venetiae, Albertinus Vercellensis. 86

1500, ohne weitere Angaben. 52, 65

Ohne Angabe des Jahres, in welchem das Buch gedruckt wurde:

Basilea, Johannes Petrus de Langendorff una cum Johanne Froben de Hamelburg. 20 — Colonia, Johannes Landen infra sodecim domos comorans. 17, 94 — Colonia. 45 — Florentia, Laurentius Francisci Venetus. 41 — Leipzig, Arnoldus de Colonia. 58 — Fridericus Misch. 60 — Antonius Moretus. 41, 55 — Nürnberg, Peter Wagner. 10 — Papia, Damianus de Comphalonneriis de Binascho. 66 — Papia, expensis Francisci de Nebiis de Burgo Francho. 97 — Bernardinus Rasinius Novocomensis. 41, 55 — Johannes Schopsser in. Monaci. 93 — Tübingen. 20 — Vienna, Johannes Winterburg. 59

Register.

A

Abano (Abanus), Petrus de 49*), 63
Abbas (Panormitanus) siehe Nicolaus de Tudeschis
Abbreviaturas in utroque iure, Modus legendi 3
Abdilazi, Libellus ysagogicus 6
Aben Esra 3
Abenmaimon, Moses (Maimonides) 13, 60
Aben Ragel, Albohazen Haly filius 3
Abieliscola Nerimontanus, Petrus 27
Abraham Judaeus (Aben Esra) 3
Abraham Judaeus Tortuosiensis 3, 63, 83
Abschrifft von dem Brieff, den Got selber geschriben hat 23
Abulkaßim (Liber Servitoris) 3, 63
Acciaiuoli, Donatus 8
Accursius Pisanus, Bonus 3, 69
Adam Genuensis 57
Administratione sacramentorum, Tractatus perutilis de 88
Advocatorum, Formularium 3
Aegidius Delfus 10
Aegidius, Magister 4
Aegidius (Colonna) Romanus 4
Aegidius de Tebaldis Lombardus 76
Aelianus 4
Aeneas Sylvius siehe Pius II.
Aequivoca 4
Aëris, Opusculum repertorii pronosticon in mutationes 95
Aesopus 4
Aggregator practicus de simplicibus 4
Agrippinensis Coloniae gymnasii, Bursa Laurentiana (Laurentii) 4
Alamanus, Hermannus 6
Alamanus Ranutius civis Florentinus 74
Alanus 4
Albertanus Causidicus Brixiensis 4
Albertanus, Meister 4
Albertocentonas continentia, Epitomata 4
Albertus Magnus 5, 11
Albertus de Padua 6
Albicus Archiepiscopus Pragensis 6
Albignanus Tretius, Petrus 50
Albohazen Haly filius Abenragel 3
Alchabitius 6
Alcinus 92
Alexander Grammaticus 6, 45
Alexandri pueri Senensis multorum nostri temporis poetarum epigrammata 95

Alexandrinus (Statiellen is), Georgius. Siehe Merula
Alexandrinus, Hieronymus 75, 87, 98
Alexandrinus, Johannes 100
Almansor 6, 7
Alpharabius 6
Alt, Georgius 29
Alten de Nusia Germanus, Bartholomaeus de 3
Altharkomen und Regier, Der löblichen Fürsten und des Lands Oesterrich 68
Amando, Johannes de Sancto 63
Ambrosius, Frater 35
Amodeus Justinus de Castello 28
Amorffordia, Jacobus Tymaeus de 11
Anastasius 45
Andreae, Joannes 7, 22, 32, 37, 95, 98
Angeli de Aichach, Johannes 7, 79, 98
Angelica de casibus conscientiae, Summa 32
Angelus 76
Angelus de Aretio (Gambellona) 8
Angelus de Brunßwig siehe Brunßwig
Angelus Canciedus Lucanus Pulcan 27
Angelus de Clavasio 32
Angelus Politianus 38, 92
Angelus Quirinus 69
Anglicana, Summa astrologiae iudicialis 38
Anglicus, Bartholomaeus 15
Animae peccatricis, Speculum aureum 84
Animorum, Platonica theologia de immortalitate 41
Antoninus de **Florentia** (Archiepiscopus Florentinus) 7, 95
Antonius de Carcano 33
Antonius Rampegolus (de Rampigollis) 18
Antonius Raudensis 57
Antropologium de hominis dignitate 50
Antzeygung kurtzlichen und Volfurung den Ursprung deß Thurkyschen unnd hundtyschen Volcks 52
Apion Grammaticus Alexandrinus 52
Apollinaris, Sidonius 8
Apono (Aponus), Petrus de. Siehe Abano
Apothecariorum, Lumen 13
Apparatus (Consuetudines) feudorum 64
Appianus Alexandrinus 8
L. Apuleius Madaurensis 8
Aratus Solensis 95, 96
Arbor vitae crucifixae Jesu 27
Archonium, Vocabularium 22
Arcignanensis Vicentinus, Oliverius 89
Arculanus, Joannes 6

---
*) Seite.

Arczneibuch 69
Aretinus Carolus siehe Tortellius
Aretinus, Johannes Tortellius 88
Aretinus, Leonardus 8, 11, 16
Aretio, Angelus de (Gambellona) 8
Aretio, Dominicus de 20
Argillagnes de Valentia, Franciscus 100, 101
Argumentum exorti inter Venetorum dominium ducemque Ferrariensem belli causas exponens 91
Argyropulos, Joannes 10, 11
Aristoteles 5, 6, 8, 9, 10, 11, 20, 36, 39, 40, 50, 75, 85, 86, 90
Arnaldus de Villanova 13, 101
Ars conficiendi epistolas 69
Arte loquendi et tacendi, Tractatus de 4
Artis bene moriendi, Speculum 84
Artis, Epitoma oratoriae 77
Arte et vero modo praedicandi, Tractatus solemnis de 75
Artisella Hippocratis 100
Ascensius siehe Badius
Asconius Pedianus, Quintus 96, 129
Asculanus (de Asculo) Geradeus 86
Asculanus (de Asculo), Saladinus 63
Astensis, Frater 12, 96
Astrolabium planum in tabulis ascendens 7
Augustinus, Aurelius 12, 15, 96, 129
Augustis de Terdona, Quiricus de 12
Aurea Biblia 18
Aurelius Episcopus Martoranensis 12
Aureum animae peccatricis, Speculum 84
Aureum Bibliae Repertorium 18
Ausmo (Auximanus), Nicolaus de 12 96
Autenticorum, Liber constitutionum novellarum 54
Avenzoar 12, 13
Averrhoës 6, 9, 10, 13, 64
Avicenna 13, 14, 44, 64, 99, 100
Avienus, Rufius Festus 96

B

Babenbergensis siehe Bambergensis
Badius Ascensius, Jodocus 38, 86
Balbus Papiensis (Casus longi), Bernhardus 17, 46, 67
Baldus Secundus de Bartholinis de Perusia 15
Baldus de Ubaldis Perusinus (de Perusio) 14, 37, 54
Bambergensis (Babenbergensis) ecclesiae, Breviarium iuxta morem 23
Bambergensis, Reformatio iudicii decanatus ecclesiae 44, 47
Baptista, Magister Johannes 96
Baptista Mantuanus, 15
Baptista de Salis (Baptistiniano) 81
Baptista Trovamala 88
Bar. compilatus, Tractatus de tabellionibus per 53
Barbarus, Hermolaus 11, 15
Barberiis Siculus, Philippus de 15
Barbus Soncinas, Paulus 70
Barinus, Jacobus 42
Barlasina, Matthaeus 54
Bartholinis de Perusia, Baldus Secundus de 15

Bartholomaeus Anglicus 15
Bartholomaeus de Bellenzinis 67
Bartholdmaeus von Brescia (Brixiensis) 15, 35
Bartholomaeus de Chaimis de Mediolano 29
Bartholomaeus de Mesina Siculus 101
Bartholomaeus de Montagnana 65
Bartholomaeus de Saliceto 81
Bartholomaeus de Susa (Ostiensis), Henricus 50
Bartholus a Saxo Ferrato 16, 54
Barzizius Bergomensis, Gasparinus 43
Basilius 16
Bate, Henricus 16
Bayerischen Landrechte, Die 16
Bayrlant, Ortolff von 69
Bebelius Justingensis, Henricus 34
Beda presbyter 10
Beichtpüchlin, Ein nuczberlichs 16
Bekenhaub Moguntinus, Johannes 17, 21
Beldamandis, Prosdocimus de 75
Belial, Das Buch 16, 86
Bellenzinis, Bartholomaeus de 67
Belli causas exponens, Argumentum exorti inter Venetorum dominium ducemque Ferrariensem 91
Bellovisu, Armandus de 16
Beneficiis salvatoris Jesu Christi devotissimae meditationes, De vita et 52
Bentius, Hugo (Ugo) 97
Berchorius, Petrus 17
Bergman de Olpe, Johannes 79
Bergomo, Petrus de 17
Bergwergk umb die neuwen Stat am Schreckenberge gelegen, Ordenung der 44
Bernardinus Marmita Parmiensis, Gellius 83
Bernhardus Abbas Clarevallensis 17, 56
Bernhardus Balbus Papiensis (Casus longi) 17, 46, 67
Bernoldus 17
Beroaldus Bononiensis, Philippus 8, 16, 17, 28, 38, 41, 60, 74, 76
Bertachini de Firmo (Firmanus), Johannes 97
Bertholdus ordinis praedicatorum (Predigerordens) 17, 52
Bessarion 40
Bethem 17
Bibel (Biblia) 18, 19, 20, 97
Biblia, Aurea 18
Biel, Gabriel 20, 64
Bigae salutis 20
Biragus Florentinus, Lapus 35
Blondus Forliviensis, Flavius 20
Bocatius (Boccacio) de Certaldo, Joannes 20
Bocksdorf Bischof zu Neunburg, Theodoricus von 80
Boëthius, Anicius Manlius Torquatus Severinus 20, 21, 39, 40, 90
Hohemorum, Perfidia aliquorum 21
Bollanus, Dominicus 21
Bologninus, Ludovicus 66

Bonardus, Diomedes 43
Bonatus de Fortivio, Guido 98
Bonaventura 21, 22
Bonetus de Latis 22
Bonifacius VIII. 22, 33, 79, 98
Bonibominis Hispanus, Alfonsus 82
Bonus Accursius Pisanus 3
Bonus, Petrus 76
Boro Venetus, Gasparinus 27
Bracka, Wenceslaus 22
Brandons Buch was er Wunders erfaren hat, Sand 98
Brandt, Sebastianus 20, 22, 23
Breidenbach, Bernardus 23
Breve betreffend die Ordensregeln der Minoriten, Ein päpstliches 64, 103
Breviarium iuxta morem Babenbergensis ecclesiae 23
Breviarium secundum ordinationem ecclesiae Patavinae 23, 36, 76
Breviarium iuxta usum almae ecclesiae Ratisponensis 103
Brevius Venetus, Franciscus 66
Brieff, den Got selber geschriben hat 23
Brieff-Formulary, Neu practicirt Rethoric und 23
Brigitta 23
Britannicus Brixianus, Johannes 71
Brognolus, Benedictus 35
Brotheus Grammaticus 26, 55
Bruderschafft genant Sant Ursulen Schifflin 89
Brugen. et Flammingos, Innocentii VIII. Mandatum apostolicum et maledictio adversus 51
Bruno Episcopus Herbipolensis 23
Brunschwig (Brunswig), Jeronimus 24
Brunßwig, Eggelingus (Angelus) de 64
Brunus de Sancto Severino, Franciscus 24
Brunus Venetus, Gabriel 19
Buch Helial, Das 16, 86
Buch der Chroniken, Das 29
Buch von den Geschichten der Alter der Welt, Das 29
Buch genannt die Himelstraß, Das 49
Buch von dem Leben und Sitten der heydnischen Meister, Das 62
Buch kayserlicher bestetten Lehenrecht, Das 68
Buch der Natur, Das 61
Buch Ovidii von der Liebe zu erwerben auch die Liebe zu verschmehen, Das 4
Buch von der rechtlichen Überwündung Cristi wider Satan, Eyn gutt nuezlich 16, 86
Buch von dem Weg oder zu dem heyligen Grab oder gelobten Land, Das 72
Buch der natürlichen Weisheit, Das 93
Bücher des Doctrinals, Dry 36
Bulchasis (Abulkaßim) 3, 63
Bulgarinus de Bulgarinis Senensis 24
Burgo, Lucas de 24
Burley Anglicus, Walterus 98
Bursam Laberti de Monte regentes, Magistri in florentissimo studio Coloniensi 11
Bursa Laurentiana (Laurentii) Agrippinensis Coloniae gymnasii 4

Bursa Montis regentes, Magistri Coloniae infra sedecim domos in 71
Bustis de Mediolano, Bernardinus de 98
Butrio, Antonius de 24, 67
Buzacharinus, Franciscus 24

C

Caccialupus de Sancto Severino, Joannes Baptista 25
Caepolla Veronensis, Bartholomaeus 25
Caesar, Gaius Julius 25
Caesarum vitae 26
Calderinus Veronensis, Domitius 26, 55, 62, 92
Calphurnius Brixiensis, Joannes 26, 79, 86
Camerino, Venantius Mutius de 4, 13
Campanus, Joannes Antonius 26, 38
Campellus Spoletinus, Julius 38
Cancredus Lucanus Pulcan, Angelus 27
Candidus December, Petrus 8
Canis, Johannes Jacobus 26
Capella, Martianus 27
Capitolinus, Julius 26
Capituli sede vacante, Tractatus de officio et potestate 70
Capnion siehe Reuchlin
Capsula Eburnea 101
Caraccioli de Licio (de Liteo), Robertus 27
Carcano, Antonius de 33
Carthusiensis, Johannes 52, 101
Carthusiensis, Quidam 40, 84
Carthusiensis, Stephanus 28
Casali, Ubertinus de 27
Cassandra Fidelis 27
Cassiodorus Senator, Flavius Magnus Aurelius 28, 38
Castelho, Lapus de 58
Castello, Amodeus Justinus de 28
Castilione Aretinus, Sigismundus de 61
Casuum, Rosella 88
Catharina Senensis (de Senis) 28
Catilina, Lucius Sergius 82
Cato Maior (Priscus) 28, 91
Cato Sacchus 80
Catullus Veronensis, Gaius Valerius 28
Cebes Thebanus 28
Celsanus Vicentinus, Barnabas 69
Celsus, Aulus Cornelius 91
Celtes Protucius, Conradus 27, 28, 31
Cendrata Veronensis, Ludovicus 52
Censorinus 28
Cepio Dalmata, Coriolanus 29
Ceretus Parmensis, Franciscus 15
Cerutus Veronensis, Blancus 29
Chaimis de Mediolano, Bartholomaeus de 29
Chochaf Hamschiah 83
Christi rosae, O venerantes 61
Christi wider Sathan, Von der rechtlichen Überwindung 16, 86
Christo, De vita et instructione pie vivere in 91
Christus der verheißene Messias 29
Chronica, quae dicitur Fasciculus temporum 40
Chronica Hungarorum 50
Chronicarum, Liber 29

Chroniken, Das Buch der 29
M. T. Cicero 10, 21, 30, 31, 62, 79, 81, 82, 90, 96
Cinus (Cynus) de Pistorio 34
Clarius Brixianus (Brixiensis), Hieronymus 22, 39, 45, 46, 54
Claudianus, Claudius 32
Claus, Bruder 32
Clavasio, Angelus de 32
Clemens V. (Clementinae) 32, 33, 57, 66, 79, 94, 99
Clericorum, Stella 103
Clichtoveus Neoportuensis, Jodocus 40
Coaugmentandae rhetoricae orationis commodissima, Praecepta 75
Coccius, Marcus Antonius. Siehe Sabellicus
Codex (Codicis opus) Justiniani 54
Coelner (Kölner) de Vanckel, Johannes 33
Collectarius sive Expositio libri psalmorum 47
Colliget 13, 64
Coloniae gymnasii, Bursa Laurentiana (Laurentii) Agrippinensis 4
Coloniae infra sedecim domos in bursa Montis regentes, Magistri 71
Coloniensi bursam Laberti de Monte regentes, Magistri in florentissimo studio 11
Colonna Romanus, Aegidius 4
Columella, Lucius Junius Moderatus 33
Columna Massanen, Guido de 47
Comestor, Petrus 33
Compendium octo partium orationis 33
Compendium theologicae veritatis 37
Compilatio, Decretalium Gregoriana 46
Composita verborum 33
Concoregius, Joannes 33
Confutatione Hebraicae sectae, Liber de 96
Coniurato, Historia de spiritu quondam 49
Constantiae, Liber de pace 54
Constantiensis, Constitutiones synodales ecclesiae 33
Constantinus Africanus 64, 100
Constitutiones synodales ecclesiae Constantiensis 33
Constitutionum novellarum autenticorum, Liber 54
Consuetudines (Apparatus) feudorum 54
Coradinus 68
Cornelius Gallus 92
Cornelius Nepos 30
Corona beatae Virginis 33
Corona florida medicinae 43
Corsetus Siculus, Antonius 33, 67
Corvinus Novoforensis, Laurentius 34
C. Cottae cos. ad populum, Oratio 81
Crantz organista ex Frauenfeld, Udalricus 91
Cremonensis, Theophilus de Ferrariis 11
Cremonensis in Toleto (Sabloneta), Gerhardus 13, 83
Crescentiis civis Bonon., Petrus de 34
Curatorum, Manipulus 102
Curiae Romanae, Jus 53
Cortinus, Hermolaus 29
Curtius Rufus, Quintus 34
Cyprianus Episcopus Carthaginiensis, Thassus Caecilius 34

D

Damascenus, Johannes 99
Daniel 34, 64
Datarus Placentinus, Lazarus 33, 40
Decalogi perstringitur, Praeceptorium perutile in quo materia 99
Declaratione difficilium terminorum, De 16
Decretales (Gregor IX.) 45, 46, 67, 83
Decretorum codex (Gratianus) 35
Decretum de Tertiis (Gratianus) 35
Defensio, Immunitatis et libertatis ecclesiasticae statusque sacerdotalis 101
Defensorium inviolatae perpetuaeque virginitatis castissimae dei genitricis Mariae 102
Defensorium iuris 53
Defensorium canonisationis sancti Leopoldi 68
Defensorium Montis Pietatis 98
Deponentialium tractatus, Verborum 35
Diadochus, Proclus 75
Dictionarius 17
Dienstperkayt und Behütung der heiligen Engel 38
Digestum novum 54
Digestum vetus 53
Dinus siehe Mundinus
Diodorus Siculus 35
Diogenes Laërtius 36
Dionysius Areopagita 41
Dionysius Halicarnassensis 36
Dionysius Thessalonicensis 62
Discipuli, Sermones 48
Diurnale pro Pataviensis ecclesiae rubrica ordinatum 23, 36, 76
Divina Historia 18
Doctor eximius ordinis minorum, Quidam 42
Doctrinals, Dry Bücher des 36
Domini opusculum, Elegantissimum de passione 49
Dominicales super evangelia et epistolas per totum annum, Sermones 75
Dominicus de Aretio 20
Dominicus de Flandria 36
Dominicus de Sangeminiano 22, 36
Dominicus de civitate Wisentina 53
Domitius siehe Calderinus
Donatus, Aelius 36, 45, 85, 86, 92
Dormi secure, Sermones 36
Dornberg (Dorneberg) de Memmingen, Thomas 17, 37
Dubia per modum dyalogi circa septem sacramenta occurrentia, Tractatus resolvens 87
Dünckelspühl, Nicolaus de 35
Duns Scotus, Johannes 37, 87
Durandus (Durantus), Gulielmus 37
Dynus de Florentia (Florentinus) 13, 14
Dynus de Mugilo 53

E

Ebrardus, Udalricus 38
Eburnea, Capsula 101
Ecclesiastica et tripartita Historia 38
Ecclesiasticae statusque sacerdotalis defensio, Immunitatis et libertatis 101

Ehingensis,Philomusus. Siehe Jacobus Locher
Elegantiarum viginti praecepta 38
Elegantissimum de passione domini opusculum 49
Engel, Von der Dienstperkayt und Behotung der heiligen 38
Eolicus, Petrus 31
Ephraem (Effrem) Edissenae eccl. diac. 38
Epictetus 38
Epigrammata, Alexandri pueri Sonensis multorum nostri temporis poetarum 95
Epiphanius 38
Epistel und Ewangely als die gesungen werdent in dem Ampt der heyligen Meß, All 74
Epistolae, Illustrium virorum 38
Epistolarum, Formulae 42, 62
Epistolas, Ars conficiendi 69
Epitomata totius naturalis philosophiae 4
Eppingen, Andreas Hartmannus de 51
Ernst von Bairen und von Osterich, Ain hopsche liepliche Historie ains edeln Fürsten Hertzog 99
Eschenbach, Wolffram von 93
Esculo, De. Siehe Asculanus
Estensis Episcopus Hadriensis, Nicolaus Maria 38
Estwodus (Eschuidus) de Ashenton, Joannes 38
Euclides 21, 38, 39
Euromodio, Robertus de 28
Eusebius Pamphili Caesariensis Episcopus 39
Eutropius 26
Evangelia et epistolas per totum annum, Sermones dominicales super 75
Ewangely als die gesungen werdent in dem Ampt der heyligen Meß, All Epistel und 74
Exemplorum, Speculum 84
Expositio Hymnorum 50
Expositio, Sacri canonis Missae 20, 64
Expositio misteriorum missae 45, 100
Expositio libri psalmorum, Collectarius sive 47
Expositio brevis et utilis super toto psalterio 52
Extravagantes, 33, 39, 54
Eyb, Albertus de 39

F

Faber Stapulensis, Jacobus 39, 40
Fart uber Mer zu dem heiligen Grab (Breidenbach), Die 23
Fasciculus medicinae 56
Fasciculus temporum 40
Felinus Sandaeus 80
Fenestella, Lucius 40
Fernus Mediolanensis, Michael 26
Ferrariensem belli causas exponens, Argumentum exorti inter Venetorum dominium ducemque 91
Ferrariis Cremonensis, Theophilus de 11
Ferrarius (de Ferrariis) de Gradibus Mediolanensis, Joannes Matthaeus 40
Festus, Sextus Pompeius 41
Feudorum, Apparatus (Consuetudines) 54
Feus siehe Vehus

Ficinus Florentinus. Marsilius 41, 74, 88, 99
Fidei. Fortalicium 42
Firmanus (de Firmo), Johannes Bertachini 97
Firmicus Maternus Junior Siculus, Julius 41
Flandria, Dominicus de 36
Florentia (Florentinus), Dynus de 13, 14
Florentia, Gentilis de 13
Florentinus, Jacobus 73
Florentinus, Nicolaus 66
Florus, Julius (L. Annaeus) 41, 42
Fons theologiae 42
Foute, Johannes de 42
Formulae epistolarum 42, 62
Formulare und tütsch Rethorica 42
Formularium, Advocatorum 3
Forolivensis (de Forlivio), Jacobus 42, 99, 1(a)
Fortalicium fidei 42
Fortunatianus, Consultus Chirius 42
Franchus (Francus) de Perusia, Philippus 94
Franciscus appellatus Patavus. Siehe de Pavinis
Franciscus de Pedemontium 63
Franciscus Philomusus Pisaurensis, Jo. 49
Frater Hungarus ordinis minorum 20
Fratres ordinis praedicatorum. Quidam 89
Freyburg, Johannes von 52, 101
Fridericus de Senis 83
Fridianus Pighinucius 28
Friedrichs III., Reformation Kaiser 55
Friedrich von Salzburg, Erzbischof 42
Frontinus, Sextus Julius 42, 91, 92
Fürsten und des Lands Oesterrich Althar. komen und Regier, Der löblichen 68
Fulgentius, Fabius Planciades, 43
Fulginatis (Fulgineo), De. Siehe Gentilis
Funtgrub, Dye hymelisch 91

G

Gaetanus Thienensis (Tiennensis) Vicentinus 86
Galenus Pergamensis, Claudius 42, 43, 60, 64, 72, 83, 100, 101
Gallus, Cornelius 92
Galvanus de Bononia 53
Gambellona (Angelus de Aretio) 8
Garlandia (Garlandria), Joannes 35, 43
Garten der Gesundtheyt 47
Gasparinus (Barzizius) Bergomensis 43
Gaspar de Sicilia 86
Gaza Graecus Thessalonicensis, Theodorus 4, 8, 86
Gazius Patavinus, Antonius 43
Gebet, Von dem 43
Geiler von Kaisersberg, Johannes 43
Gellius, Aulus 44
Gellius Bernardinus Marmita Parmiensis 83
Gelobten Land, Das Buch von dem Weg oder zu dem heyligen Grab oder 72
Gentilis de Florentia 13
Gentilis de Fulginatis 4, 13, 14, 44, 101
Genuensis, Adam 57
Genuensis de Monelia, Franciscus 35, 51
Georg Herzog zu Sachsen 44
Georgius Episcopus Bamberginsis 44
Georgius Trapezuntius 39, 96
Gerardus Herder Wiccensis 5

Gerhardus Cremonensis in Toleto (Sabloneta) 13, 83
Gerhardus Zutphania 94
Germanicus 95
Germanus, Nicolaus 76
Germanus de Regiomonte, Johannes, Siehe Regiomontanus
Gerson Cancellarius Parisiensis, Johannes 36, 44
Geschichten der Alter der Welt, Von den 29
Geschrifft, Die Heylige 18, 19
Geßler von Fryburg, Heinricus 23
Gesta Romanorum 80
Gesundtheyt, Garten der 47
Gesuntheyt, Von der Ordnung der 78
Gilbertus Porretanus 9, 10, 11
Glosa super secunda parte doctrinalis 6
Gonda, Guilhelmus de G. 100
Gordonio (Gordonius), Bernardus de 45
Gorichem, Henricus 87
Gosseler Pfarher zu Rattenspurg, Johannes 89
Got selber geschriben hat, Brieff den 23
Grab oder gelobten Land, Das Buch von dem Weg oder zu dem heyligen 72
Grabadin, 63
Grammatica nova 71
Grammaticae libellus 68
Grammaticae, Rudimenta 45
Grammaticales, Regulae 45
Granolachs, Bernardus de 45
Grapaldus Parmensis, Franciscus Maria 45
Gratianus 35
Gregoriana compilatio, Decretalium 46
Gregorius I. 45
Gregorius IX. 45, 46, 67, 83
Gritsch, Johannes 46
Grossch, Caspar 79
Große, Erhart 36
Guanernis (Guaynerüs), Antonius de 46
Guarinus Veronensis 46
Guarinus (Sohn des vorigen), Baptista 46
Guaynerius (Guernerius), Antonius 46
Guido de Columna Massanen. 47
Guido Juvenahs Genomanns 86
Guido de Monte Rotherii 102
Guilhelmus de Gonda 45, 100
Guillermus (Wilhelmus) Parisiensis 47, 93
Guntzenhusen, Nicolaus Tinctoris de 87
Gymnasii, Bursa Laurentiana (Laurentii) Agrippinensis Coloniae 4

H

Hadrianus 91
Haly Heben Rodan (Rodoham) 76, 101
Harenthal, Petrus de 47
Harpffen, Die vierundzweintzig guldin 68
Hartlieb, Doctor 4
Hartmannus de Eppingen, Andreas 54
Ha-elbach, Thomas de 47
Hassia, De. Siehe Heinricus
Heben Rodan siehe Haly
Hebraeus, Jacobus 13
Hebrnicae sectae, Liber de confutatione 93
Heiligen Grab oder gelobten Land, Das Buch von dem Weg oder zu dem 72

Heilige Schrift, Die 18, 19
Heiligen Leben, Der 70
Heils und der ewigen Seligkeit, Der Schrein oder Schatzbehalter der waren Reichtümer des 83
Heinricus Episcopus Bambergensis 47
Heinricus de Hassia 75
Herbarius 47
Herder Wiceensis, Gerardus 5
Hermannus Alamanus 6
Hermes 48, 88
Hermolaus Barbarus 11, 15
Hermolaus Curtinus 29
Herold (Discipulus), Joannes 48
Herp, Heinricus 48
Hieronymus Alexandrinus 75, 87, 98
Hieronymus Cardinalis Presbyter 15, 19, 39, 48, 49, 64
Hieronymus de Vallibus Paduanus 49, 90
Hieronymus de Zanitinis 94
Himelstraß, Das Buch genannt die 49
Hippocrates Cous 42 49, 64, 100, 101
Hippodamus (Santritter) Helbronensis, C. Joannes Lucilius 50, 99
Hirtius, Aulus 25
Hispalensis, Johannes 6, 63
Hispanus siehe Petrus
Histori (Hystori) wie Troya die köstlich Statt erstört ward, Ein schöne 88
Historia, Divina 18
Historia, Ecclesiastica et tripartita 38
Historia (Legenda), Longobardica 51, 52
Historia septem sapientum Romae 49
Historia de spiritu quodam coniurato 49
Historia Troiana Guidonis 47
Historiae, Ex gestis Romanorum 80
Historie ains edeln Fürsten Hertzog Ernst von Bairen und von Österich, Ain hüpsche hepliche 99
Historiis aetatum mundi, Opus de 29
Holcot (Holkot), Robertus 49
Hollen, Gottschalcus 49
Honestis Florentinus, Christophorus de 63
Horatius Flaccus, Quintus 49
Hortus sanitatis 47
Hostiensis siehe Ostiensis
Hugo (de S. Caro) Cardinalis 50
Hugo de Prato 75
Hugo Senensis siehe Bentius
Hugo de Sancto Victore 50
Hund (Canis) Magdeburg., Magnus 36, 50
Hungarorum, Chronica 50
Hungarus ordinis minorum, Frater 20
Hymnorum, Expositio 50

I

Ibinrosdin siehe Averrhoes
Iginius 50
Illustrium virorum epistolae 38
Immortalitate animorum, Platonica theologia de 41
Immunitatis et libertatis ecclesiasticae statusque sacerdotalis defensio 101
Imola, Joannes de 51
Imperatore eiusque officio, De optimo 68
Infortiatum 54
Innocentius IV. 51, 53
Innocentius VIII. 51

Instituta (Institutionum opus) 53
Instructione pie vivere in Christo, De vita
et 91
Introductio procurationis 53
Introductorium in universalem Aristotelis
phisicen Parvulus philosophiae naturalis
vulgariter appellatum 50
Isocrates 24

J

Jacob diezeit Probst des wirdigen Gotzhaus
Closterneuburg 68
Jacobus Florentinus 73
Jacobus Foroliviensis (de Forlivio) 42, 99,
100
Jacobus Hebraeus 13
Jacobus Januensis. Siehe Jacobus de Voragine
Jacobus, Petrus 53
Jacolus von Therams 16, 86, 96
Jacobus de Vitalibus Brixiensis 65
Jacobus de Voragine 51, 52
Janduno, Johannes de 52
Janua (Januensis), Simon de 3, 52, 63, 83
Januensis, Jacobus. Siehe Jacobus de Voragine
Jerusalem, Von dem gelobten Land und
Weg gegen 72
Jesu, Arbor vitae crucifixae 27
Jesu Christi devotissimae meditationes, De
vita et beneficiis salvatoris 52
Jörg von Nürnberg, Mayster 52
Johannes XXII. 33, 39, 54
Johannes Alexandrinus 100
Johannes de Set. Amando 63
Johannes Carthusiensis ordinis 52, 101
Johannes Damascenus 99
Johannes de Fonte 42
Johannes von Freyburg 52, 101
Johannes Hispalensis 6, 63
Johannes de Imola 51
Johannes de Lapide 10, 58
Johannes de Mechilinea 11
Johannes Nazarenus filius Mesue 61, 63
Johannes filius Serapionis. Siehe Serapion
Johannes Antonius de Sicilia 86
Johannes Synthis 6
Johannes de Turrecremata 52, 102
Johannes de Urbach 53
Johannitius 100
Josephus Flavius 52
Josephus Machaciae filius. Siehe Josephus
Flavius
Ju., A. 96
Judecus Venetus, Nicolaus 20, 21
Judicii, Processus 53
Jung, Ambrosius 53
Jure, Modus legendi abbreviaturas in utroque
3
Juris, Defensorium 53
Juris, Liber plurimorum tractatuum 53
Juris, Vocabularius 53
Juris civilis, Volumen 54
Jus curiae Romanae 53
Justinianus Imperator 53, 54
Justinianus, Bernardus 55
Justinianus Romanus 82
Justinus 55

Juvenalis, Decimus Junius 26, 55, 62
Juvenalis Genomanus, Guido 86
Juvencus, Hispanus 55

K

Kamermaister, Sebastianus 29, 30
Kapnion siehe Reuchlin
Karls IV., Goldene Bulle 55, 56
Karthan (Ketham) Alamanus, Joannes de 56
Karthäser zu Nürenberg, Ein 36
Ketham (Karthan) Alamanus, Jo. de 56
Kinder, Ein Regiment der jungen 64
Kolner (Coelner) de Vanckel, Johannes 33
Künigsperger, Johannes. Siehe Regiomontanus
Kyerslach, Petrus 56

L

Laberti de Monte reventes, Magistri in
florentissimo studio Coloniensi bursam 11
Lactantius Firmianus, Lucius Colius 57
Laelius, Theodorus 48
Laetus, Julius Pomponius 81
Lampridius, Aelius 26
Lancillotus de Zerlis 6
Land, Das Buch von dem Weg oder zu
dem heyligen Grab oder gelobten 72
Land kommen sey, Wie das Reich in
teutsche 55
Landenberg, Episcopus Hugo de 33
Landinus, Christophorus 92
Landrechte, Die Bayerischen 16
Lanfrancus de Oriano. Siehe Oriano
Lapide, Johannes de 10, 58
Lapus Biragus Florentinus 35
Lapus de Castelho 58
Latinitatis, Modus 37
Latis, Bonetus de 22
Laudinus eques Hierosolimitanus 60
Laurentiana (Laurentii) Agrippinensis Coloniae gymnasii, Bursa 4
Laurentius de Rudolfis (Rodulphus) 80
Lauxius Brytanuus Edinburgensis, David 40
Leben, Der Heiligen 70
Lectura super canone missae 64
Legenda sancti Leopoldi 58, 59, 70
Legenda (Historia), Lombardica 51, 52
Legenda sanctorum 51, 52
Lehenrecht, Das Buch kayserlicher bestetten
68
Lenciis, De. Siehe Mundinus
Leonardus Aretinus 8, 11, 16
Leonardus de Nogarolis 67
Leonardus de Utino 58
Leonicenus de Vicentia, Omnibonus 31, 59,
68
Leopold III. der Heilige 58, 59, 70
Lepidus consul 81
Lescherius 59
Leutolphus (Ludolphus) de Saxonia 59
Libellus, Grammaticae 68
Liber chronicarum 29
Liber de confutatione Hebraicae sectae 96
Liber constitutionum novellarum autenticorum 54
Liber qui dicitur Corona beatae Virginis 33
Liber Decreti 35

— 124 —

Liber de pace Constantiae composita 54
Liber plurimorum tractatuum iuris 53
Liber Servitoris 3, 63
Liber de vita et moribus philosophorum 98
Liber Vitae 19
Liber Vitaspatrum 48
Libertatis ecclesiasticae statusque sacerdotalis defensio, Immunitatis et 101
Licio (Liteo), De. Siehe Caraccioli
Lilium medicinarum 45
Lilius Vicentinus, Zacharias 59
Linacer (Linacrus) Britannus, Thomas 75
Locher Philomusus, Jacobus 22, 49, 59
Lombardus siehe Petrus
Longobardica Historia (Legenda) 51, 52
Loquendi et tacendi, Tractatus de arte 4
Lucanus Cordubensis, Marcus Annaeus 59, 68
Lucanus Pulcan, Angelus Cancredus 27
Lucas de Burgo 24
Lucianus philosophus graecus 60
Lucretius Carus, Titus 60
Ludovicus de Prussia 60
Ludovicus (de Roma) Pontanus 75
Lumen apothecariorum 12
Luminare Maius 61
Luna, Suminario de la 45
Luschus Vicentinus, Antonius 96
Lyra (Lyranus), Nicolaus de 20, 64

M

Macri tr. pl. ad plebem, Oratio 81
Magister (de Magistris), Johannes 60
Magistri Coloniae infra sedecim domos in bursa Montis regentes 71
Magistri in florentissimo studio Coloniensi bursam Laberti de Monte regentes 11
Magistrutia, Summa 12, 96
Magnus Turcus siehe Mahumet
Mahumet 60
Maimonides (Moses Abenmaimon) 13, 60
Maius, Johannes 60
Maius, Junianus 60
Mammetractus 65
Mancinellus Veliternus, Antonius 55, 90
Mandatum apostolicum et maledictio adversus Brugen. et Flammingos (Innocentius VIII.) 51
Manfredus, Hieronymus 76, 78
Manilius, Marcus 61
Manilius Romanus civis, Sebastianus 71
Manipulus curatorum 102
Manlis de Boscho Alexandrinus, Johannes Jacobus de 61
Mantuanus, Baptista 15
Manuale parrochialium sacerdotum 61
Margarita poetica 39
Mariae, Defensorium inviolatae perpetuaeque virginitatis castissimae dei genitricis 102
Mariae, Privilegia sanctissimae virginis 61
Marlianus, Raymundus 25
Marmita Parmiensis, Gellius Bernardinus 83
Marsilius Ficinus Florentinus 41, 74, 88, 99
Marsilius de sancta Sophia 42
Marsus, Petrus 31
Martialis, Marcus Valerius 26, 55, 62, 81
Martinus ordinis praedicatorum 61

Martinus Papa 100
Martius, Galeottus 76
Mathesilanis de Bononia, Petrus de 61
Matthaeus ordinis praedicatorum 61
Maturantius Perusinus, Franciscus 31
Maximilian I. 51, 61
Mechilinea, Johannes de 11
Medicinae, Corona florida 43
Medicinae, Fasciculus 56
Medicinarum, Lilium 45
Mediolano, Michael de 64
Meditationes, De vita et beneficiis salvatoris Jesu Christi devotissimae 52
Megenberg, Meister Konrad von 62
Meister, Das Buch von dem Leben und Sitten der heydnischen 62
Mela, Pomponius 15, 62
Menardus solo nomine Monachus 18
Mennigken, Karolus 42, 62
Mercurius Trismegistus siehe Hermes
Merula Alexandrinus Statiellensis, Georgius 28, 33, 62, 70, 74, 91
Meß, All Epistel und Ewangely als die gesungen werdent in dem Ampt der heyligen 74
Messahallach 63
Meschiah, Eyn Stern dess 83
Mesina Siculus, Bartholomaeus de 101
Mesue, Johannes Nazarenus filius 61, 63
Methodius, ScL 64
Metlinger, Bartholomaeus 64
Michael de Mediolano 64
Minatensis, Guilhelmus. Siehe Durandus
Minoriten, Ein päpstliches Breve betreffend die Ordensregeln der 64, 103
Missae expositio, Sacri canonis 20, 64
Missae, Expositio misteriorum 45, 100
Missae, Lectura super canone 64
Mithridates regi Arsaci, Rex. 81
Modestus 64
Modo studendi et ordine legendi, De 50
Modus latinitatis 37
Modus legendi abbreviaturas in utroque iure 3
Monachus, Menardus solo nomine 18
Mondellus, Ludovicus 72
Mondinus siehe Mundinus
Monelia (Moneliensis) de Genua (Genuensis), Franciscus de 35, 51
Montagnana, Bartholomaeus de 65
Montanus, Colla 76
Monteregio, Johannes de. Siehe Regiomontanus
Monte Rotherii, Guido de 102
Monte Ulmi, Petrusangelus de 19
Montis Pietatis, Defensorium 98
Montis regentes, Magistri Coloniae infra sedecim domos in bursa 71
Moribus philosophorum, Liber de vita et 98
Moriendi, Speculum artis bene 84
Moses Abenmaimon (Maimonides) 13, 60
Mugilo, Dynus de 53
Mühldorf, Provincialconcil 42
Mundinus de Lenciis 56, 63
Murnelismus, Frater 65
Mutationes aëris, Opusculum repertorii pronosticon in 95

Mutius de Camerino, Venantius 4, 13
Mythologiae 43

N

Natur, Das Buch der 61
Nauclerus, Johannes 65
Naviculam sanctae Ursulae, Tractatus super 61
Nazarenus filius Mesue, Johannes 61, 63
Nemorarius, Jordanus 40
Niavis, Paulus 65, 66
Nicolaus Abbas Siculus. Siehe Nicolaus de Tudeschis
Nicolaus Auximanus (de Ausmo) 12, 96
Nicolaus Florentinus 66
Nicolaus Germanus 76
Nicolaus Judecus Venetus 20, 21
Nicolaus Episcopus Modrusiensis 66
Nicolaus de l'Ove 88
Nicolaus (Praepositus) 63, 66
Nicolaus Sagundinus 68
Nicolaus de Sicilia (Siculus) Abbas Manacen. (Monacensis). Siehe Nicolaus de Tudeschis
Nicolaus Superantius 94
Nicolaus Tinctoris de Guntzenhusen 87
Nicolaus Triveth 12
Nicolaus de Tudeschis 66, 67
Nicolettus (Paulus Venetus) 9
Niger Venetus, Franciscus 27, 67
Nigris, Sillanus de 7
Nogarolis, Leonardus de 67
Nonius Marcellus Peripateticus Tiburticensis 67
Nosce te. 52, 101
Notariatus, Tractatus 53
Novellarum autenticorum, Liber constitutionum 54
Nürenberg, Ein Karthäser zu 36
Nürnberg, Mayster Jörg von 52
Nyder, Hans 68
Nythart Burger zu Ulm, Hans 86

O

Obertus de Orto 68
Odaxius Patavinus, Ludovicus 28
Oesterrich Altharkomen und Regier, Der löblichen Fürsten und des Lands 68
Olpe, De. Siehe Bergman
Omnibonus Leonicenus de Vicentia (Vicentinus) 31, 59, 68
Onosander 68
Opius 25
Opus artis medicinae nominatum Artisella Hippocratis 100
Opus decretalium 45
Opus de historiis aetatum mundi 29
Opus transmarinae peregrinationis 23
Opus Vitaspatrum appellatum 48
Opusculum quintupartitum grammaticale 33
Opusculum repertorii pronosticon in mutationes aëris 95
Orationis commodissima, Praecepta coaugmentandae rhetoricae 75
Oratoriae artis epitoma 77
Ordnung der Bergwergk umb die neuwen Stat am Schreckenberge gelegen 44
Ordnung der Gesuntheyt 78
Ordnung ze reden 78
Oriano de Brixia, Lanfrancus de 57, 58
Orosius, Paulus 68, 69
Orto, Obertus de 68
Ortolff von Beyrlant 69
Ortus sanitatis 47
Ostiensis, Henricus Bartholomaeus de Susa (de Segusio) 50
Ovidii, Das Buch (von der Liebe zu erwerben, auch die Liebe zu verschmehen) 4
Ovidius Naso Sulmonensis, Publius 69, 87, 92

P

P (ublicius), Jacobus 69, 77
Paduanus, Hieronymus de Vallibus 49, 90
Palladius, Rutilius Taurus Aemilianus 70
Palmerius, Matthaeus 39
Palnde, Petrus de 70
Panormitanus. Siehe Nicolaus de Tudeschis
Pantheologia 73
Paratus 70
Paravicius (Pathavinus) physicus, Magister 13
Parmiensis, Gellius Bernardinus Marmita 83
Parreut, Johannes 75
Parrochialium sacerdotum, Manuale 61
Parthenius Benacensis, Bartholomaeus 87
Partibus Tornacensis, Jacobus de 14
Parvulus philosophiae naturalis 50
Passional 70
Passione domini opusculum, Elegantissimum de 49
Pataviensis (Patavina) ecclesia 23, 36, 58, 76
Patavus (de Padua), Franciscus appellatus. Siehe de Pavinis
Patrum, Vitae sanctorum 48
Paulus (Apostel) 47
Paulus Diaconus 26
Paulus Venetus (Nicolettus) 9
Pavinis (Pavinus) de Padua (Patavus), Johannes Franciscus de 58, 70
Peccatricis, Speculum aureum animae 84
Pedemontium, Franciscus de 63
Pepis Florentinus, Franciscus de 70
Peregrinationis, Opus transmarinae 23
Perger, Bernardus 71
Periglis (Perillis) de Perusia, Angelus de 70, 71
Perottus, Nicolaus 16, 71
Persius Flaccus, Aulus 71, 79
Petrarcha Aretinus, Franciscus 71
Petrusangelus de Monte Ulmi 19
Petrus Comestor 33
Petrus Eolicus 31
Petrus Hispanus 60, 71, 87
Petrus Jacobus 53
Petrus Lombardus (Magister Sententiarum) 70, 87, 129
Petrus de Palude 70
Petrus Pfarrer 72
Petrus (Roccabonella) Venetus 13, 42
Petrus de Tussignano 7
Peuerbach, Georg von 72, 79, 81
Pflantzman, Jodocus 68
Philaretus 100

Philelphus, Franciscus 72
Philelphus, Marius 72
Philelphus, Petrus Augustinus 73
Philelticus, Martinus 31
Philesius Vosegigena, Ringmannus 91
Philippi in senatu, Oratio 81
Philomusus Ehingensis siehe Jacobus Locher
Philomusus Pisaurensis, Jo. Franciscus 49
Philonium 85
Philosophiae naturalis, Parvulus 50
Philosophorum, Liber de vita et moribus 98
Pictavensis, Alma universitas 79
Picus Mirandula Concordiae Comes, Johannes 72
Picus Mirandula (Galeotti filius), Johannes Franciscus 72, 73
Pie vivere in Christo, De vita et instructione 91
Pietatis, Defensorium Montis 98
Pighinucius, Fridianus 28
Pilatus, Pontius 82
Pisanella, Summa 12, 96
Pisaurensis, Jo. Franciscus Philomusus 49
Pisis, Rainerius de 73
Pius II. (Aeneas Sylvius de Piccolominis) 29, 62, 73
Pius Bononiensis, Joannes Baptista 8, 43
Placentinus de Saleceto, Guhelmus 73, 74
Platea Bononiensis, Franciscus de 74
Platearius, Johannes 63
Plato Tyburtinus 7
Platonica theologia de immortalitate animorum 41
Plautus 74
Plenari 74
Pleydenwurff, Wilhelmus 29, 30
Plinius Secundus Maior, Gaius 15, 26, 28, 55, 76, 79
Plinius Caecilius Secundus Minor, Gaius 74
Plotinus 74
Plove, Nicolaus de 88
Plutarchus 46, 74
Podocatharus Cyprius, Ludovicus 8
Poetarum epigrammata, Alexandri pueri Senensis multorum nostri temporis 95
Poggius Florentinus 35, 74, 75, 96
Poggio Jacobo 75
Polentonus, Xicho 96
Politianus, Angelus 38, 92
Cn. Pompeii ad senatum, Epistola 81
Pomponius Laetus, Julius 81
Pomponius Mela 15, 62
Pontanus, Ludovicus (de Roma) 75
Pontius Pilatus 82
Porcius Latro 81
Porphyrius 9, 10, 11, 20, 21, 75, 90
Porretanus, Gilbertus 9, 10, 11
Praecepta, Elegantiarum viginti 38
Praecepta coaugmentandae rethoricae orationis commodissima 75
Praeceptorium perutile in quo materia Decalogi perstringitur 99
Praedicandi, Tractatus solemnis de arte et vero modo 75
Praedicatoribus, Repertorium morale perutile 17
Praedicatorum, Quidam Fratres ordinis 89

Praepositus siehe Nicolaus
Praesumptionum, Tractatus 53
Prato, Hugo de 75
Priscianus 62, 75
Privilegia sanctissimae virginis Mariae 61
Processus iudicii 53
Proclus Diadochus 75
Procurationis, Introductio 53
Pronosticon in mutationes aëris, Opusculum repertorii 95
Propertius Aurelius Nauta 75
Prosdocimus de Beldamandis 75
Prosper 39
Provincialeoncil Mühldorf 44
Provincialia (Salzburg), Statuta 42
Prussia, Ludovicus de 60
Psalmorum, Collectarius sive Expositio libri 47
Psalterio, Expositio brevis et utilis super toto 52
Psalterium et Breviarium iuxta chorum ecclesiae Pataviensis 23, 36, 76
Ptolemaeos Alexandrinus, Claudius 34, 76, 79
Publicius Florentinus, Jacobus 69, 77
Pulcau, Angelus Cancredus Lucanus 27
Purbachius siehe Peuerbach
Puteolanus, Franciscus 85

Q

Quadragesimale 64
Quadragesimales (Thesaurus Novus), Sermones 83
Quid pro quo, Tractatus 63, 66
Quintilianus, Marcus Fabius 77, 79
Quirinus, Angelus 69

R

Rainerius de Pisis 73
Rampegolus (de Rampigollis), Antonius 18
Ranutius civis Florentinus, Alamanus 74
Rasis 64, 77, 78
Ratisponensis, Breviarium iuxta usum almae ecclesiae 103
Raudensis, Antonius 57
Raymundus 103
Raynucius 57
Reden, Von Ordnung ze 78
Reformatio iudicii decanatus ecclesiae Bambergensis 44, 47
Reformation, Der Stadt Worms 93
Regimen sanitatis 6, 78
Regiment der jungen Kinder, Ein 64
Regiomontanus (de Regiomonte), Johannes 78, 79, 81
Regius, Raphael 31, 79
Regnier, Helya 79
Regulae grammaticales 45
Reuch in teutsche Land kommen sey, Wie das 55
Reichtümer des Hails und der ewigen Seligkeit, Der Schrein oder Schatzbehalter der waren 83
Reinaldus de Villanova 91
Remigius Grammaticus 36, 45
Reparationes 4

Repertorium, Aureum Bibliae 18
Repertorium morale perutile praedicatoribus 17
Rerum, Vocabularius 22
Reuchlin Phorcensis (Kapnion), Johannes 79
Reynaldus 57
Rhetoric und Brieff Formulary, Neu practicirt 23
Rhetoric, Spiegel der waren 79
Rhetorica, Formulare und tutsch 12
Rhetoricae orationis commodissima, Praecepta coangmentandae 75
Riedrer von Mulhusen in Hegaw, Friedrich 79
Ringmannus Philesius Vosegigena 91
Roccabonella Venetus, Petrus 13, 42
Rodolcam siehe Ilaly
Rodultis (Rodulphus), Laurentius de 80
Röchlin siehe Reuchlin
Roemer, Stephan 79
Roma, Ludovicus de. Siehe Pontanus
Romanorum, Gesta 80
Romanus, Justinianus 82
Rosae, O venerantes Christi 61
Rosella casuum 88
Rotherii, Guido de Monte 102
Rudimenta grammaticae 45
Rupertus Abbas Tuiciensis 80

S

Sabellicus (Marcus Antonius Coccius) 41, 55, 80
Sabinus, Aulus 69
Sabloneta (Gerhardus Cremonensis) 13, 83
Sacchus, Cato 80
Sacerdotalis defensio, Immunitatis et libertatis ecclesiasticae statusque 101
Sacerdotalis de sacramentis, Tractatus 88
Sacerdotum Manuale parrochialium 61
Sachsenspiegel, Der 80
Sacramenta occurrentia, Tractatus resolvens dubia per modum dyalogi circa septem 87
Sacramentis ad secundam eruditionem sacri eloqui, De 50
Sacramentis, Tractatus sacerdotalis de (Sacramentorum, Tractatus perutilis de administratione) 88
Sacrobosco (Sacrobusto), Johannes de 81
Sagundinus, Nicolaus 68
Saladinus siehe Asculanus
Salecelo Placentinus, Gulielmus de 73, 71
Saliceto, Bartholomaeus de 81
Salis, Baptista de 81
Salius Faventinus, Hieronymus 76
Sallustius Crispus, Gaius 81, 82
Salomon 49
Salutis, Bigae 20
(Salzburg), Statuta provincialia 12
Samuel Israhelita (der Jude), Rabbi 82
Sanctorum, Legendae 51, 52
Sanctorum patrum, Vitae 18
Sanctus, Doctor 36
Sandaeus, Felinus 80
Sanitatis, Ortus 47
Sanitatis, Regimen 6, 78
Santritter (Hippodamus), Johannes 50, 99

Sapientum Romae, Historia septem 49
Satan, Von der rechtlichen Überwindung Christi wider 16, 86
Savonarola Patavinus, Michael 82
Saxonia, Leutolphus (Ludolphus) de 59
Schachner Pataviensis praesul, Christofer 36
Schedel, Hartmannus 29
Schifflin, Bruderschafft genant Sant Ursulen 89
Schilinus de Brixia, Johannes 37
Schiltberger, Hans 82
Schnitzer de Armßheim, Johannes 76
Schreckenberge gelegen, Ordenung der Bergkwergk umb die neuwen Stat am 44
Schrein oder Schatzbehalter der waren Reichtumer des Hails und der ewigen Seligkeit, Der 83
Schreyer, Sebaldus 29
Schrift, Die Heilige 18, 19
Schwarz Predigerordens, Bruder Peter 83
Seledeus Vincentinus, Ludovicus 27
Scotus, Johannes. Siehe Duns
Scutarius Vercellensis, Eusebius 74
Sede vacante, Tractatus de officio et potestate capituli 70
Segusio, De. Siehe Susa
Seneca Cordubensis philosophus moralis, Lucius Annaeus 83
Senensis, Hugo (Ugo). Siehe Bentius
Senis, Fridericus de 83
Sententiarum libri (Petr.Lombard.)70, 87, 129
Sentinus Bicinensis, Jacobus 50
Sequentiarum, Textus 83
Serapion, Johannes 83
Sermonarium duplicatum, Quadragesimale seu 64
Sermones Discipuli 18
Sermones dominicales super evangelia et epistolas per totum annum 75
Sermones Dormi secure 36
Sermones quadragesimales (Thesaurus Novus) 83
Servitoris, Liber 3, 63
Servius Honoratus, Maurus 92
Servius Tolentinas, Oliverius 4
Sextus Decretalium, Liber 22, 73, 79, 98
Sicilia, Gaspar et Johannes Antonius de 86
Sillanus de Nigris 7
Simon de Janua (Januensis) 3, 52, 63, 83
Sinonima 63, 66
Sisgoreus Sibenicensis Dalmata, Georgius 84
Societatum, Tractatus perutilis in materia 70
Socinus de Senis, Marianus 84
Socrates Scholasticus 38
Solinus Grammaticus, Gaius Julius 84
Soncinas siehe Barbus
Sophia, Marsilius de sancta 42
Sozomenos 38
Spartianus, Aelius 26
Speculum artis bene moriendi 84
Speculum aureum animae peccatricis 84
Speculum exemplorum 84
Spiegel der waren Rhetoric 79
Spiera Tarvisinus, Ambrosius 84
Spiritu quodam coniurato, Historia de 49
Sparcialicus Alexandrinus, Hieronymus 81, 96

Statusque sacerdotalis defensio. Immunitatis et libertatis ecclesiasticae 101
Statuta provincialia (Salzburg) 42
Stella clericorum 103
Stephanus Carthusiensis 28
Sternn dess Meschiah, Eyn 83
Strabon Amasinus 76, 84
Studendi et ordine legendi, De modo 50
Suetonius Tranquillus, Gaius 26, 84, 85
Sulpitius Verulanus, Johannes 59, 91
Summa Angelica de casibus conscientiae 32
Summa astrologiae indicialis Anglicana 38
Summa Hostiensis (Ostiensis) 50
Summa (Magistrutia) Pisanella 12, 86
Summaria et effectus Extravagantium Johannis XXII. 33
Summario de la luna 45
Summarium textuale et conclusiones super Sextum et Clementinas 33
Sunczell Mosellanus, Fridericus 55
Superantius, Nicolaus 94
Supplementum 12, 96
Surianus Venetus, Hieronymus 42, 100
Susa (Segusio) Ostiensis, Henricus Bartholomaeus de 50
Sylvius, Aeneas. Siehe Pius II.
Synthis, Johannes 6

T

Tacendi, Tractatus de arte loquendi et 4
Tacitus, Publius Cornelius 85
Tanhauser, Petrus 10
Taperius Brixianus, Johannes 59
Taranta, Valescus de 85
Tartagni de Imola, Alexander 16, 85
Tebaldis Lombardus, Aegidius de 20
Temporum, Fasciculus 40
Terams (Therams), Jakob von 16, 86, 96
Terentius Afer, Publius 85, 86
Testamentum, Vetus novumque 18, 19
Teutsche Land kommen sey, Wie das Reich in 55
Textuale et conclusiones super Sextum et Clementinas, Summarium 33
Textus Sequentiarum 53
Theisir 12, 13
Theodericus 38
Theologia de inmortalitate animorum, Platonica 41
Theologicae veritatis, Compendium 37
Theon von Alexandria 96
Theophilus 100
Theophilus de Ferrariis Cremonensis 11
Theophrastus 86
Thesaurus Novus 83
Thessalonicensis, Dionysius 62
Thessalonicensis, Theodorus Gaza Graecus 4, 8, 86
Thienensis (Tiennensis) Vicentinus, Gaetanus 86
Thomas von Aquino 11, 17, 20, 21, 36, 71, 75, 86, 87
Thomas canonicus regularis (Thomas a Kempis) 44

Thomas de Valois 12
Thucydides 87
Thurocz, Johannes de 50
Tiberinus (Tuberinus), Johannes Mathias 87
Tibullus, Albius 87
Tinctoris de Guntzenhusen, Nicolaus 87
Tollentinus Veronensis, Johannes 97
Tortellius Arctinus, Carolus 60
Tortellius Arctinus, Johannes 88
Tortuosiensis, Abraham Judaeus 3, 63, 83
Tractatus de arte loquendi et tacendi 4
Tractatus contra perfidiam aliquorum Bohemorum 21
Tractatus de officio et potestate capituli sede vacante 70
Tractatus de expositione missae 45, 100
Tractatus notariatus 63
Tractatus solemnis de arte et vero modo praedicandi 75
Tractatus praesumptionum 53
Tractatus Quid pro quo 63, 66
Tractatus resolvens dubia per modum dyalogi circa septem sacramenta occurentia 87
Tractatus sacerdotalis de sacramentis (Tractatus perutilis de administratione sacramentorum) 88
Tractatus perutilis in materia societatum 70
Tractatus quidam de Turcis 89
Tractatus de moribus, condictionibus et nequicia Turcorum 89
Tractatus super naviculam sanctae Ursulae 61
Tractatus, Verborum deponentalium 35
Tractatus contra vicia 88
Traianus 91
Translationes (Niclas von Wyle) 94
Trapezuntius, Georgius 39, 96
Trebellius Pollio 26
Trismegistus, Mercurius. Siehe Hermes
Trittenhem Abbas Spanheimensis, Johannes de 88
Triveth, Nicolaus 12
Trogus Pompeius 55
Troia (Troya) die köstlich Statt erstört ward, Ein schöne Hystorie wie 88
Troiana Guidonis, Historia 47
Trovamala, Baptista 88
Tuberinus siehe Tiberinus
Tubingensis magistri, Periti almae universitatis 87
Tudeschis, De. Siehe Nicolaus
Tur. Ver., Ilie. 6
Turcis, Tractatus quidam de 89
Turcorum, Tractatus de moribus, condictionibus et nequicia 89
Turcus, Magnus. Siehe Mahumet
Turckyschen unnd hundtyschen Volcks, Antzeygung kurtzlichen und Volfurung den Ursprung deß 52
Turrecremata, De. Siehe Johannes
Tussignano, Petrus de 7
Tyburtinus, Plato 7
Tymaeus de Amorffordia, Jacobus 11
Tyndarus 89

U

Ubaldis Perusinus (de Perusio), Baldus de 14, 37, 54
Ubaldis de Perusia, Petrus de 89
Überwindung Cristi wyder Sathan, Von der rechtlichen 16, 86
Ugo Senensis siehe Bentius
Ulmi, Petrusangelus de Monte 19
Urbach, Joannes de 53
Ursulae, Tractatus super naviculam sanctae 61
Ursulen Schiffin, Bruderschafft genant Sant 89
Utino, Leonardus de 58

V

Valerius Maximus 10, 79, 89, 90
Valescus de Taranta 85
Valla Placentinus, Georgius 12, 31, 55, 72
Valla, Laurentius 33, 81, 87, 90
Vallibus Paduanus, Hieronymus de 49, 90
Valois, Thomas de 12
Valtz, Johann von 91
Vareschis, Paulus de 63
Varro, Marcus Terentius 91
Vegetius Renatus, Flavius 91
Veggius Laudensis, Maphaeus 92
Vetus adulescentulus Badensis, Hieronymus 91
Venetorum dominium ducemque Ferrariensem belli causas exponens, Argumentum exorti inter 91
Verborum, Composita 33
Verborum deponentalium tractatus 35
Vergenhand 65
Vergerius Faciatus, Petrus Paulus 101
Verrius Flaccus, Marcus 41
Verulanus siehe Sulpitius
Vetularius 6
Vetus novumque Testamentum 18, 19
Vicia, Tractatus contra 88
Victorinus, Fabius Marius 20, 21, 31
Villanova, Arnaldus de 13, 101
Villanova, Reinaldus de 91

Vincentius frater ordinis praedicatorum Belvacensis episcopus 91, 92
Virgilius, Publius Maro 92
Virginitatis castissimae dei genitricis Mariae, Defensorium inviolatae perpetuaeque 102
Vita et beneficiis salvatoris Jesu Christi devotissimae meditationes, De 52
Vita et instructione pie vivere in Christo, De 91
Vita et moribus philosophorum, Liber de 28
Vitae, Caesarum 26
Vitae crucifixae Jesu, Arbor 27
Vitae, Liber 19
Vitae sanctorum patrum 48
Vitalibus Brixiensis, Jacobus de 65
Vitaspatrum, Liber 18
Vitruvius Pollio 92
Vocabularium Archonium 22
Vocabularius iuris 53
Vocabularius rerum 22
Volumen iuris civilis (Volumen noviter impressum) 51
Vopiscus, Flavius 26
Voragine, Siehe Jacobus de

W

Wann, Paulus 92, 93
Weinheit. Das Buch der natürlichen 93
Wilhelmus (Guillermus) Cancellarius Parisiensis 47, 93
Wilhelmus episcopus Lugdunensis 93
Wimphelingus Sletstattensis, Jacobus 93
Wisentina, Dominicus de civitate 53
Wolfram von Eschenbach 93
Wolgemut, Michael 29, 30
Worms Reformation, Der Stadt 93
Wyle, Niclas von 94

Z

Zabarella, Franciscus Cardinalis 94
Zahel Ysmaelita 94
Zanitinis, Hieronymus de 94
Zerlia, Luncillotus de 6
Zoar 94
Zutphania, Gerardus 94

Nach Fertigstellung dieses Kataloges wurden noch zwei sehr alte Incunabeln aufgefunden:

Divi Aurelii **Augustini** Hipponensis episcopi Sententia de libro 528 retractionum. Epistola ad Aurelium Carthaginiensis ecclesiae episcopum. De trinitate libri quindecim. -- Folio

Textus (Liber) Sententiarum **Petri Lombardi**. — Folio 528

Die Bibliothek zählt demnach 785 Incunabeln in 528 Bänden. Hinsichtlich der Zahl ihrer Incunabeln nimmt die Nikolsburger Bibliothek unter den 1014 Bibliotheken Österreichs die siebzehnte Stelle ein:

K. k. Hofbibliothek, Wien, bei 7000 Incunabeln.
K. k. Jagellonische Universitätsbibliothek, Krakau, 2620 Incunabeln.
Bibliotheca Rossiana S. J., Wien, über 2500 Incunabeln.
K. k. Universitätsbibliothek, Innsbruck, gegen 2000 Incunabeln.
K. k. öffentliche Studienbibliothek, Salzburg, 1717 Incunabeln.
K. k. Studienbibliothek, Olmütz, 1700 Incunabeln.
Benedictinerkloster St. Peter, Salzburg, 1700 Incunabeln.
K. k öffentliche und Universitätsbibliothek, Prag, 1528 Incunabeln.
Stift der Augustiner-Chorherren, Klosterneuburg, 1460 Incunabeln.
Benedictinerstift, Göttweig, 1409 Incunabeln
Cistercienserstift, Hohenfurth, 1266 Incunabeln.
Fürst Moriz von Lobkowitz'sche Fideicommissbibliothek, Raudnitz an der Elbe, 1200 Incunabeln.
Reguliertes Chorherrenstift, St. Florian, 1000 Incunabeln.
Benedictinerstift, Kremsmünster, 886 Incunabeln.
Benedictinerstift, Melk, 868 Incunabeln.
K. u. k. Familien-Fideicommissbibliothek, Wien, 810 Incunabeln.
Fürstlich Dietrichstein'sche Fideicommissbibliothek, Nikolsburg, 785*) Incunabeln.

*) In dem Adreßbuch der Bibliotheken der österreichisch-ungarischen Monarchie von Bohatta und Holzmann, Wien, Fromme, 1900 ist die Zahl der Incunabeln unrichtiger Weise mit 580 angegeben.